妈妈不抓狂，孩子更快乐！

零压力养出100%的好孩子

[美]克瑞丝·卡尔森（Kristine Carlson）◎著　潘丽君　◎译

廣東省出版集團
广东人民出版社
·广州·

图书在版编目（CIP）数据

零压力养出 100%的好孩子 /（美）克瑞丝·卡尔森著；潘丽君译．-- 广州：广东人民出版社，2012.9

ISBN 978-7-218-08042-0

Ⅰ.①零… Ⅱ.①克… ②潘… Ⅲ.①家庭教育 Ⅳ.① G78

中国版本图书馆 CIP 数据核字 (2012) 第 177589 号

Lingyali yangchu 100% de haohaizi

零压力养出 100% 的好孩子

［美］克瑞丝·卡尔森 著
潘丽君 译

出 版 人：金炳亮

策　　划：中资海派
执行策划：黄　河　桂　林
责任编辑：肖风华　梁　茵
特约编辑：涂玉香　董莹雪
版式设计：张　英
封面设计：胡方杰

出版发行：广东人民出版社
地　　址：广州市大沙头四马路 10 号（邮政编码：510102）
电　　话：(020) 83798714（总编室）
传　　真：(020) 83780199
网　　址：http：//www. gdpph. com
印　　刷：深圳市华信图文印务有限公司
书　　号：ISBN 978-7-218-08042-0
开　　本：787mm × 1092mm　1/16
印　　张：13
字　　数：180 千字
版　　次：2012 年 9 月第 1 版　　2012 年 9 月第 1 次印刷
定　　价：29.80 元

如发现印装质量问题，影响阅读，请与出版社（020-83795749）联系调换。
售书热线：(020) 83790604　83791487　**邮　购**：(020) 83781421

For my Chinese Readers: ♡

I am so honored that you have invited me to share these strategies to stress less and enjoy your family time more.

I send a personal greeting to you and your family! I hope that you connect with me on-line though social media so that we can stay in touch and deepen our world-wide "Dont sweat" mom community.

treasure the gifts of life & love,
With great respect,

Kristine T. Carlson ♡

亲爱的中国读者们：

能受邀与你们分享这些减少压力、更好地享受家庭生活的秘诀，我感到十分荣幸！

在此向你和你的家庭致以真诚的祝福！希望你们通过媒体和网络与我保持联系，使全球范围内的“不抓狂”妈妈帮友谊长存！

以虔敬之心接受生活的惠赠，

克瑞丝·卡尔森

目 录

Chapter 3 别替孩子做太多 39

Chapter 4 陪孩子快乐长大 63

“不抓狂”系列介绍

史上卖得最快的畅销书

理查德·卡尔森博士&克瑞丝·卡尔森女士的“不抓狂”系列作品
在全美创造了连续两年稳踞排行榜第1名、
连续100周长踞《纽约时报》畅销书榜的历史纪录，
现已狂销2500万册，
有27种译本在100多个国家出版发行。
书中为读者提供了各种简单有效的生活与工作智慧，
帮助大家用更加宽容、自由的心态开创和谐人生。
作为影响了一代人的经典畅销书，
全世界的每一天、每一个角落，
都有人因书中倡导的“不抓狂”哲学而改变生活的态度，
进而改变了一生。

◆ **《别为小事抓狂》**（中文简体版书名）
Don't Sweat the Small Stuff... and It's All Small Stuff

◆ **《爱情不抓狂》**（中文简体版书名）
Don't Sweat the Small Stuff in Love

◆《青春不抓狂》（中文简体版书名）

Don't Sweat the Small Stuff for Teens

◆《男人不抓狂》（中文简体版书名）

Don't Sweat the Small Stuff for Men

◆《别为小事抓狂完全行动手册》（中文简体版书名）

The Don't Sweat the Small Stuff Workbook

◆《别怕赚不到钱》

Don't Sweat the Small Stuff About Money

克瑞丝·卡尔森个人作品：

◆《女人不抓狂》（中文简体版书名）

Don't Sweat the Small Stuff for Women

◆《悲伤开启》

Heart-broken Open

◆《爱在分分秒秒》

An Hour to Live, An Hour to Love

登录 www.dontsweat.com 和 www.kristinecarlson.com，分享卡尔森夫妇的文章、访谈、博客和视频资料，以及更多图书信息。

权威推荐

茵莱儿童发展中心研发部主管、华东师范大学学前教育专业硕士　沈燕华

有了孩子之后，也许你的生活完全被打乱了；顾不上自己的形象，牺牲了自己的爱好，有操不完的心……如果有一天有人告诉你，即使是妈妈，你也一样可以优雅从容地生活，可以有自己的空间和时间，而且你还能更好地帮助和陪伴孩子成长，你是不是愿意学习一下呢？这本书就是告诉你这些。

中央电视台少儿频道、科学与教育频道教育栏目特邀专家　牛琳

《零压力养出 100% 的好孩子》告诉当今的妈妈这样一个道理：放松些！把孩子送上好的大学固然重要，和孩子一起成长，享受与孩子沟通交流的点滴幸福更为重要。这样，才能教出健康快乐的好孩子，妈妈自己也会获得成就感，找到自己的人生坐标。

新浪育儿频道主编　艾樱

这是一本充满温情和爱的家教书，也是一本献给妈妈的励志书。作者用她过来人的肺腑之言，帮助妈妈们摆脱日常琐事的困扰，专注于享受孩子成长过程中的点点滴滴，从而达到个人、家庭和事业三者的平衡。

中国青少年研究中心少年儿童研究所所长　孙宏艳

做妈妈不容易，做好妈妈更不容易，做轻松的好妈妈更是难上加难。现代社会，妈妈们常常身兼数职，既要在职场上摸爬滚打，又要面对养育子女的各种恼人问题，想不抓狂真的很难。所以，有的妈妈成了“一碰就着轰炸机”、“四处救火直升机”，整日生活在焦虑中，既伤害孩子又让自己抓狂。

作者克瑞丝·卡尔森抓住生活中遇到的各类小问题，用轻松的笔触传授做妈妈的实用真经。每个小故事犹如一段下午茶，在温馨、怡人的情绪中教您做轻松妈妈、幸福妈妈。

著名儿童发展专家、金色摇篮创始人　程跃博士

做妈妈的都知道，在孩子小的时候，他们会犯很多错误，将饭吃得满脸都是、碗掉在地上、尿湿裤子、学走路摔倒，这时你并不会觉得抓狂、担心、焦虑，因为你知道这是成长的必经过程。要学习自己带小孩子时的这种心态，乐观地等待，乐观地付出。如果你忘记了自己当初的从容，给自己太大的压力，请提醒自己回到那个状态之中，这样你才能做一个好妈妈。

《缅因街素食主义者与美丽人生》作者　维多利亚·莫兰

克瑞丝·卡尔森从“过来人”的角度写就此书，她深知只有等孩子长大后才能真正体会到为人父母的甘苦。本书中的每一章节所蕴含的道理，是妈妈们随时随地都可以运用于现实生活中的。

《谎言对我说》作者　埃米·阿勒斯

《零压力养出100%的好孩子》好比是上帝对所有妈妈的馈赠。如果你感觉孤单、无助、疯狂或者迷惘，那么这本书可以成为你的指路明灯。本人也是一位妈妈，当我看到这本充满真诚建议、温暖和爱的图书时，

感到十分欣喜。克瑞丝是一位富有同情心、给人启迪的人生导师，她为身陷漩涡的妈妈们指明了方向。她的这本著作将为“别为小事抓狂”系列图书添砖加瓦，将其升华到更高境界，太棒了！

《着眼好事》作者　迈克·罗宾斯

对所有妈妈们（甚至包括一些爸爸们）来说，这是一本温馨而具有神奇力量的必备书籍。衷心感谢克瑞丝，她传承了宝贵的精神财富和人生箴言，也让《别为小事抓狂》系列图书走近人们的生活，改变了成千上万人的人生。这本书是献给全天下的妈妈、爸爸和家庭的厚礼。

《寻找真爱》《爱的未来》等书作者　达芙妮·罗丝·金曼

本书暖人心房，能让妈妈们轻松应对各类家庭琐事。更重要的是，克瑞丝的笔调感人至深，她提醒我们：做妈妈并不是件小事情，而是一项足以改变和重塑孩子生活的神圣事业。

“雕塑小姐网”创办者兼 CEO　珍妮弗·塞贝尔·纽瑟姆

克瑞丝·卡尔森又做了件颇有意义的事，她的话语总是闪烁着智慧的光芒，其建议又颇具操作性。我们女性总是在事业、家庭和生活三者之间不断挣扎，我们急需这样那样的支持——是的，我们还要照顾好自己。我们可能忙得不可开交，无法游刃有余地妥善处理一切，但这本书能伴随我们左右，为我们献计献策。谢谢克瑞丝！

SHOMI 有限责任公司创办者兼 CEO　玛丽安娜·科马罗托

《零压力养出 100% 的好孩子》字里行间充盈着真知灼见，给我们在为人之母这条道路上披荆斩棘提供了许多建议。它可以成为随时伴你左右的掌上宝典，并时刻提醒你，当妈妈并非要求十项全能，而你也并不是一个人在战斗。

《生活、真相与自由》作者 史蒂夫·马拉布里

克瑞丝·卡尔森着眼于身为人母过程中的不抓狂哲学，传递了一种经得起考验且益处颇多的人生智慧。本书见解深刻，笔调轻松，开卷有益，是全天下妈妈们的必备宝典。

《快乐不需要理由》作者 马西·希米弗

本书是克瑞丝·卡尔森倾力打造的。它字字珠玑，教妈妈们享受家庭生活，创造幸福家庭，并让孩子茁壮成长为快乐有为青年。

《成为你自己心目中的英雄》作者 伊冯娜·圣·约翰-杜特玛

本书作者身为人母，同时又与人合伙创办了一家专为父母和青少年服务的非营利机构。我认为《零压力养出100%的好孩子》的写作可谓十分及时，给世界带来了福音。

《纽约时报》畅销书作家、《爱的回归》作者 玛丽安娜·威廉森

克瑞丝·卡尔森不仅丰富了《别为小事抓狂》系列丛书，还为全天下的妈妈提供了必备建议。她是“过来人”，从自己的亲身经历中积累了深刻体验，此书便是她倾情打造之作。正如她已故的丈夫理查德一样，克瑞丝的灵魂深处闪耀着强劲有力的火花。

自序

妈妈们，无需为小事抓狂

当应邀写作《零压力养出100%的好孩子》，为时下畅销的《别为小事抓狂》系列图书增添续本时，我深感荣幸，又有些忐忑不安。这是《别为小事抓狂》系列的首部续本，而我却深感遗憾：我最挚爱的丈夫、已故的理查德·卡尔森（Richard Carlson）——《别为小事抓狂》和《一切都没什么大不了的》等书籍的作者，再也无法与我分享此刻的喜悦，共同庆祝续本的面世。

我之所以忐忑，是担心仅仅用一本书来囊括我一生的感悟，显得太过苍白无力。事实上，“妈妈不抓狂”本身就是个悖论，因为在众人眼中，妈妈们好像每天都在为各种家庭琐事抓狂。

妈妈往往身兼数职，既是物流经理，要照料一大家子人的吃喝拉撒睡；也是家庭的首席执行官和决策者，要掌管家里大小事务；还是家人的看护师、厨师、教练、咨询顾问……更难能可贵的是，很多妈妈在料理家事的同时，还有一份全职或兼职的工作。无论是对已婚妈妈还是单亲妈妈而言，上述每种身份都意味着极大的挑战。在今天，做妈妈已不是一件轻松的事了。

在我不断思索并与其他妈妈沟通交流时，我突然意识到类似《零压力养出100%的好孩子》这样的书正是二十二年前我初为人母时最想要的。在我着手构思本书框架和主题的过程中，对母亲这一神圣职责和自身经历的复杂情感，总会时不时地喷涌而出，震撼我的整个心灵。

如今，我已步入人生另一阶段。我的家几乎成为“空巢”，因为孩子们都已经长大成人。我的两个女儿都已经上大学了，小女儿肯娜去年高中毕业，而长女杰西几个月后将诞下第二个男婴。从这个意义上说，我已为人祖母。

现在，我的身上几乎综合了各类“妈妈”的特质。我与理查德·卡尔森有过二十多年幸福的婚姻生活，他是我的灵魂之友、终身伴侣。如今，我已守寡五年，是位“单亲”妈妈。他突然撒手人寰之时，两个孩子分别只有十四岁和十七岁。熬过那段艰难的时光本身就是刻骨铭心的经历——当然，那样的痛彻心扉与本书主题无关。

正如我的其他作品一样，本书的写作过程也伴随着我个人的自省和反思，它让我有幸重温了当年身陷家庭琐事及养儿育女等重任时的困惑和迷惘。与此同时，恐惧甚至懊悔也时不时地袭来：我多么希望自己当时能为家人有更多的付出，哪怕是多烘烤几块小饼，多烹饪一些美味佳肴也好；我多么希望自己有更多的耐性倾听家人的心声；我多么希望自己足够睿智，能游刃有余地应对一切，可以用温暖的语言给家人带去心灵的慰藉。

或许要写这样一本给妈妈的书，我还远不够格。

盘点整个为人之母的生涯，我不得不承认，即便是现在，我也并非“完美”母亲的典范。只是，我懂得评估总结自己做对的和值得改进的事。今天，我看到女儿们个个出落成仁爱善良、坚强独立的女性时，不禁倍感欣慰，这起码证明我对大小事务的处理，大部分都是得当的。

本书各个章节都围绕我曾遇到过的切实问题展开。我多希望自己当年初为人母时能拥有这样一本书，为我指点迷津。那样的话，我必定会将其奉为至宝，因为这种生活智慧来之不易，往往是经过无数次试错而得出的精华。换句话说，书中的一切都源于实践，并建立在“不抓狂”

哲学之上，教你如何对自己的幸福负责，如何让生活正常运转，如何宽厚地对待自己和他人，并同时寻求内心的宁静，收获更多的人生智慧。

为读者写作此书的同时，我也重温了自己当妈妈的精彩旅程，必须承认，写“妈妈经”有时与亲自当妈妈一样乐在其中。妈妈，是一项神圣的职业，每天都有一些瞬间让我们感到回味悠长，每天都会收获新的经验教训，面对新的考验，并在点滴欢乐中体会到深邃的道理。这项“职业”会磨炼我们的心性，重塑我们的个性。

事实上，从我们成为妈妈的那一天起，一切艰难困苦已在前方虎视眈眈地等待我们。或许我们已经预想到抚养小宝宝会让我们筋疲力尽，或者当孩子进入青春叛逆期时，会时不时挑战我们的耐性，但只有真正体验过才能领会个中滋味。如同所有的旅程一样，一切都会慢慢地揭开神秘面纱。

本书由一百个短篇构成，以供你闲暇时阅读和思考（我竟然用了“闲暇”二字？但愿妈妈们还有闲暇时光吧）。我希望本书能为你提供一些崭新的视角、看法，提醒你已知的一些事情，甚至能鼓励你作些新的尝试。因为当我初为人母时，对许多必经之事都没有把握。当然，也可能正阅读此书的你早已是一位好妈妈了。

我知道你可能还是会在意那些小事，我只是希望提醒你，无需为不必要的小事抓狂。为了能拥有一个真实、平静、充满关爱的人生，希望你能适当作些改变。如果世界上所有母亲都满怀幸福，那么每个家庭也都会洋溢着爱和温情，而幸福也会如涟漪般一圈圈荡漾开来。

珍惜生活和每一份爱，

克瑞丝

Chapter 1

相信你作为妈妈的能力和直觉

“完美妈妈”只存在于传说中,现实中的你,做个“足够好”妈妈就可以了。关于孩子的事,任何专业学位都不如妈妈的直觉来得重要,所以,放松一点,相信自己的能力吧。

世上没有“完美”妈妈

请花一点时间，郑重其事地告诉自己：“我没必要成为完美的妈妈。”为了符合传说中完美妈妈的理想形象，你给了自己多大的压力呀？又要善良、耐心、明智、脾气好，又要时刻活力四射，还要成为烹饪高手或操持家务的高手，能同时做好多事——我们几乎很少碰到这种“样样都行”的超人吧？

当然，作为妈妈，我们应该努力为孩子树立最好的榜样，但是如果为了表现得“完美”而对自己的错误、缺点遮遮掩掩，哪怕犯错也不知悔改，这无疑是一种误导。应该引导孩子用多维的视角全面看待这个世界以及世界上的人。妈妈们要允许自己真实、全面地呈现自我，这实际上也是给自己一种解脱，不用逼迫自己去达到那些不可能的标准，同时也让孩子明白，他不需要做到完美。我们在容忍瑕疵和错误时，其实也给了孩子一个真实展现自我、不断提升自己的机会。

人非圣贤，孰能无过？展示我们人性而非“神”性的方法之一，就是正视自己的缺点，展现谦逊的一面。如果总是摆出一副高高在上的姿态，会让孩子不敢靠近，而万一你“不幸”从天上坠落，那该有多么疼痛。反过来，当你坦然面对自己的错误，诚实地展现真实自我，不但可以避免高处跌落的悲剧，也能教给孩子重要的一课。

很多时候，事情出了差错，我们总是寻找各种借口或者一味指责他人，却从来不愿为自己的短处承担责任（我在此想强调“短”处）。表现得透明一些，能让孩子认识真实的你，从而与你建立起最深厚的联系。同时，这也能表现出你自信、自爱的一面，因为你包容了自己所有的优点和缺点。

每当孩子挑战我们的容忍极限时，我们难免暴跳如雷。不管孩子是处于牙牙学语阶段还是青春叛逆期，父母总是习惯于给他立下各种规矩。一旦他触犯了这些条条框框，我们就会因愤怒和沮丧而丧失理智，甚至说出一些伤人的话如“你的学习成绩一塌糊涂，也只有垫底的份儿了”。在处理孩子，尤其是青春期孩子的问题上，我们往往容易反应过度，我也曾经与我的两个女儿吵过架。

冷静下来之后，我们会意识到这个问题，但往往由于死要面子不愿去弥补，不愿坦言自己刚刚的话太欠缺思考、甚至有些残忍，更不愿意修改这种过于严厉的惩罚手段。我们害怕这样做会显得愚蠢，有失威信，害怕孩子以后再也不尊重我们了。

其实还有更好的解决方式。我们大可以向孩子道歉，但同时强调：“我跟你说对不起，并不表示你做错事我不该惩罚你，而是因为我刚刚失去了理智，对你的惩罚可能过于严厉，说的话太难听了。”这样做，实际上是在告诉孩子，**生活中到处都是错误和不完美，并不是只有从做对的事中才能学到道理。多数时候，我们要学会从错误中有所收获。**

所谓“成熟”，就是要勇于承担责任，领悟“人无完人”的道理，也明白我们应该勇敢纠正错误，重新出发。要告诉孩子，所谓的完美不过是你把握住了一个行动的机会，并力求做到更好。在现实世界中，我们所能做的也仅此而已。

我和理查德在一起时，经常会开这样的玩笑：“我不够完美，你也不够完美，不过，这没啥关系。”我们明确告诉孩子，我们也犯错，但我们愿意改正错误。向孩子承认我们与其他人一样有弱点，这会使你感觉好受得多。卸下伪装，展示自己的弱点，不但能尽显你的独特魅力，同时也是告诉孩子，他也可以犯错。了解我们的不完美之处，认同真实的自己，这种感觉多棒啊！

没人比你更了解自己的孩子

知识就是力量，这是至理名言；而要成为一名称职的“妈妈”，就要看你如何有效运用你所拥有的知识了。你可以通过各种渠道寻求外援，但最终的决定还是需要你来作出。你就是家庭的掌舵者。

我们在照料家庭时，总是需要各种各样的知识。而孩子们身边的一些专家，包括他们的医生、老师和教练，还有其他家庭成员、我们的朋友甚至包括牧师等，他们的智慧，都可以成为知识的基本源泉。搜集信息，提升自我修养，对于作出正确决策都起着举足轻重的作用。

然而，任何专业学位或者多少年的个人经历都不如你自身的直觉来得重要。淹没在观点和意见的海洋中，你通常会惊讶地发现，很多时候“专家们”的建议往往相互矛盾，又或者，他们的建议与你想实现的目标和价值观刚好南辕北辙。此时，你需要运用自己的思辨能力、问题解决能力来分析这些建议和信息。切记，**你才是最终的“决策者”。因为没有人比你更了解你的家庭。**

一直以来，只要是与女儿相关的问题，我都高度重视，包括她们的身体健康、学校教育、人际交往以及心理健康。这些方面对我的女儿都很重要，所以对我也至关重要。

我会首先弄清楚问题，然后向我敬重的人请教。接着，我会在纸上列出各选项的优劣之处，评估每种选择，以便选出最佳项，之后我在流程表上详细地列出每一步计划。我也是这么教孩子们处理问题的。我还有一个单独的笔记本，里面列出了碰到某类问题时可以咨询的对象，以便参考。

说到有能力的“妈妈”，我的确见过不少优秀典范。在孩子遭遇特殊挑战时，他们的父母都成为了孩子最坚强的后盾。

如果很不幸，你的孩子在智力、心理或者生理方面有些障碍，你就必须成为一艘能够搭载起希望的不沉巨轮。如果连你都无法胜任这项工作，那别人就更不行了。

妈妈下午茶

治愈儿子的自闭症，妈妈比专家更给力

孩子们还小的时候，有一天我和朋友珍宁一同去幼儿园接孩子放学，幼儿园老师突然把她叫到一旁说话。谈完话后，我这位一直以淡定著称的朋友显得神色凝重。她告诉我："老师觉得我儿子本患有自闭症。"

从那一天开始，珍宁开始了拼命搜集自闭症相关信息和治疗服务的艰难征程。在十五年前，关于自闭症的相关资讯还比较少，为了儿子，她把自己变成了一位充满斗志的勇士。她咨询过医生、教育家、理疗师、律师，甚至还与试图把本隔离起来进行特殊教育的公共学校高层进行了不懈斗争。关于自闭症的一切，从营养学到特别的神经元反馈治疗方法，她无一不知；她还熟读了《美国残疾人法案》来武装自己，也让儿子变得坚强。

多少年过去了，事实清楚地表明，与消极听从所谓的"专家"或者学校推荐的特殊教育班的建议相比，珍宁早期进行的积极干预更有利于本的康复。

为人父母这项重任要求我们具有领袖风范。要成为力量强大的"妈妈"，不但需要具备武士的勇气，也需要有黄牛的执著与倔强。每位妈妈在为家事寻求解决方案时，她同时也是在行使自己的权利。她从不怀疑，自己就是家庭决策者的不二人选。

妈妈知道什么是最好的解决办法

在抚养孩子时，我们往往要担心许多事。我无需在此一一列举，想必

你都了然于胸。做妈妈就必须要培养“过滤”的能力，哪些事情需要我们亲力亲为，哪些事情可以睁一只眼闭一只眼让它过去，要迅速作出判断。我们可以向家人、朋友讨教经验，咨询建设性意见，同时也要在抚养孩子的过程中找到适合自家特定情况的方法。毕竟，为孩子选择最好培养方式的决定权在妈妈自己手里。

我们往往因为莫名的恐惧而把所面临挑战的难度无限放大。很多事最初看起来好像都是跨不过去的坎儿，因为我们总是把事情的后果想得过于严重，其实，我们并不清楚结果到底会怎么样。何不换个策略呢？**既然不知道未来会怎样，就少作无谓的担忧和害怕，把精力放在积极应对眼前的问题上。**这样，你才能冷静地作出决定，而不至于方寸大乱。事实上，你担心的很多事，都能通过调整找到新的解决方法。

妈妈下午茶

对问题的担心比问题本身更可怕

我的朋友玛勒有一天打电话向我征求意见。她有三个女儿，个个都长得圆嘟嘟的，娇憨可爱，为这个幸福之家增添了不少欢乐。前些日子有几个亲戚来作客，看到女孩们，就开始议论她们的体重。很明显，他们担心年仅十二岁的大女儿有患肥胖症的危险。玛勒问我有没有必要让女儿们节食减肥。

作为玛勒的朋友，我可以看出她似乎已经被恐惧包围。她突然担心起女儿可能会面对的每一个问题，从肥胖者容易患糖尿病到胖孩子容易受欺负。看到她深陷恐惧和担忧，我只好想办法让她放松，于是说道：“嘿，你先深呼吸一下吧，然后我们再来谈这件事。”

等她稍微平静下来后，我开始与她讨论她的家庭用餐计划，并提出了一些可以改进的方法，包括想办法减少他们摄入的碳水化合物量，比如晚餐不吃意大利面而多增加些蒸鸡、鱼类和蔬菜；还有每天让孩子多进行有氧运动，比如上体育课和舞蹈课。我还鼓励玛勒去咨询儿科医生，或者替孩子作甲状腺测试。最重要的是，我还建议玛勒跟女儿们好好谈谈，但尽量不要令她们对自己体型和体重感到压力。

最后，我向玛勒指出，她的女儿们都有相似的体型，这主要是基因问题。因此，做些小调整尽管能增强她们的体质，改善她们的生活方式，但不一定会立竿见影地改变她们的外形。

挂电话前，我补充了一句："出于好奇，我再问一下，你们家人在听到那些耸人听闻的评论前，有没有担心过女儿们的体重问题？"她回答道："还真没有。我知道我的孩子们并没有个个苗条得像沙滩女孩一样，但她们这样的身形看着挺舒服的，而且她们很健康。我觉得，随着年龄的增长，她们会渐渐变得更有型，尽管未必会变得特别苗条。"我对她说："你是她们的妈妈，一定知道什么对她们来说是最好的。我认为你说得对。"

在别人提出体重问题后，玛勒立刻有些惊慌失措了，却没有意识到，**我们的担心和忧虑，有可能比问题本身更让人头疼。**最明智的方法是，不要盲目抗拒，向自己信得过的朋友寻求支持和鼓励，然后冷静下来，寻找切实可行的调整方式。玛勒最终听从了我的建议，对家人的生活方式作了些调整，还特意用轻描淡写的口吻跟女儿们谈了谈她们的健康问题。

我知道，你现在担忧的问题一定跟你两年前的担忧大相径庭。生活总是有办法让我们有一个又一个新的担忧，如果你有些害怕了，就不要想得太过长远，这样你就能用新的视角，有的放矢地解决问题，从而达到理想的效果。如果我们极力抗拒而不是积极应对，那么恐惧就会禁锢我们的大脑而无法寻求可行的方案。

也许抚养孩子确实需要无数人的关注，但只有你才是最了解孩子的。

只要你肯从小处着手应对这些问题，那么它们终究没有什么大不了的，总会得到解决。几乎没有什么无法克服的问题，而且妈妈总会知道什么是最佳方法。

为自己的孩子亲手写本“育儿经”

我经常“痴心妄想”，要是每个孩子出生时都带着一本抚养指南该有多好呀。我们永远无法预料会生出什么样的孩子，而且每个孩子都是独特的个体。

如果情况理想的话，我们应该帮助孩子发现他的天赋，与他共享这个精彩的世界。这其实也是我们的终极目标,不是吗？每每听到有妈妈说“我差不多是用同一种方式养大我几个孩子的”这种话，我都觉得无法理解，如果这样的话，为什么那些孩子最后个个出落得迥然不同呢？

养育孩子的过程就像不断深入了解孩子内部运作的过程，妈妈们要尊重孩子本来的面貌，而不是将其视为想象中或者我们希望他变成的那个样子；因为他是完全不同于他人的独立个体，而非我们自己的衍生物。这个道理，无疑为妈妈们养育孩子提供了新的思路。

在有些家庭里，父母为孩子立下了各种家规，用僵化的条条框框掌控家庭，而并没有为孩子提供一个适合成长的环境，我曾亲眼目睹这样的家庭最后会走向何种局面。我认识一家人，三个孩子中只有一个特别适应这样高度结构化的成长模式，其余两个都不行，于是争吵和反抗不断。如今，长大成人的他们正在艰难地寻找适合自己的路。

一定程度的一致性是必要的，我们称之为社会化，文明就是基于社会化之上的；但我们同时也鼓励基于差异化之上的个性，毕竟正是这种个性造就了人类艺术、建筑、音乐和文学等领域的众多杰作。就像每片雪花和每个指纹都是独一无二的一样，世界上也找不到两个完全相同的孩子。这是件好事。

我认识一个孩子，他用乐高积木搭建了一座城市，占满了他家整个地下室。很多次，他妈妈都想搬掉这座“城市”，但始终未动手。现在，那个孩子成了一名成功的城市规划师。孩子总会不断让你知道，什么才是他们需要的幸福。也许他们不会直接用语言说，但他的反应与行为会大声而且明白无误地告诉你：我需要做自己想做的事，请不要把我每天的活动安排得满满当当！

在过去十年中，被诊断出患有学习障碍的孩子不断增多。有教育专家认为，这其实是学校开设的课程和老师的教育方法无法适应不同风格的孩子所致，而并非这些孩子天生就有“问题”。你的孩子是什么类型的，什么样的方法最适合他，你必须对这些重要问题有明确的答案。一旦你找到了最适合你孩子独特个性的培养方式，你就等于亲手写了本关于自己孩子的“育儿经”，它有别于任何一本育儿指南。

Chapter 2

多一份爱的交流，少一份争吵

孩子渐渐长大，你会吃惊地发现，你说得越多，他听得越少。其实，孩子更需要一个懂得倾听的妈妈。也就是说，有时，你只需要在场，像空气一样，不说任何话；有时，你只需要问一句：“还有呢？”倾听鼓励说话。你听得越多，孩子说得越多。

让沟通之门永远敞开

在我们与孩子相处过程中，保持顺畅沟通是非常重要的。这么多年来，我与两个女儿间进行过无数次积极的对话，当然也有无数次效果欠佳的谈话，但最让我感到欣慰的，还是女儿们清楚地知道她们可以随时找妈妈说话。如果你不幸与孩子遇到沟通障碍，你就该适时做些调整，把谈话拉回正轨。你需要让沟通之门永远敞开，这样母子之间才能进行爱的互动和交流。

孩子长到一定阶段，总会出现一些变化。还记得孩子年幼时，老是天真地眨巴着眼睛没完没了地问“妈妈，为什么……”吗？但现在，在他的心目中，我们再也不是原来那个高高在上、无所不知的权威了，而成了一无所知的白痴。

我们的想法和知识在他眼中仿佛变得一文不值，这种从高处突然坠落的感觉会让我们疑惑甚至受伤，不过无需对此大惊小怪。青春期的孩子碰到问题，第一时间会告诉他的朋友，向其寻求建议。虽然这是正常现象，但我们仍需确保自己在孩子的生活中具有强大的影响力，使他与我们保持沟通。

你与孩子之间的关系是双向的。良好的沟通，是双方的对话，而不是一方对另一方说教。当然，任何时候培养新习惯都不晚，不过必须在孩子很小的时候就播下亲子沟通的种子。随着你倾听与诉说方式的与时俱进，沟通的种子会发芽成长。哪怕对自己进行一点细微的调整，你们之间的沟通都可能出现神奇的变化，它甚至能改变你与孩子间的相处方式。

我认识一些很棒的妈妈，她们在孩子很小的时候就尝试与孩子沟通。她们问一些问题，然后停下来听孩子的回答。孩子能清楚地感知到大人对他的尊重理解，并在潜移默化中也学会尊重和理解父母。毕竟，亲子关系是必须建立在双方沟通之上的。

下面分享一些亲子沟通的技巧和窍门，记住这些要诀，无论你的孩子年龄多大，都愿意与你有效沟通。

◆ 在未与孩子深入沟通的情况下，切勿不分青红皂白地制定这样那样的条条框框。

◆ 立下的所有规矩，其惩罚措施必须合情合理，罪罚相当。

◆ 虽然每个人都有发脾气的时候，但不要动不动就破口大骂，勃然大怒。

◆ 学会做一个倾听者，即便双方起了冲突；要认真倾听，而不妄加评论。

◆ 不要把孩子当成傻瓜一样哄骗。

◆ 注重倾听中的互动，即听了孩子的诉说后，及时用他能够接受的方式给予反馈。这么做就是向孩子表明，我们在认真听他说话，我们理解他刚刚所说的话，而不是只愿意听我们想让他说的话。

◆ 永远不要有这样的想法："我不能让你占上风，因为我是你妈，我永远是对的。"一个家，哪怕算不上彻底民主，也绝不能有强权的独裁作派。

◆ 孩子有权拥有自己的隐私，要尊重其适当的私人空间，除非有什么特殊的原因。妈妈在进入孩子私人空间之前，要先询问他以征得同意，这有助于建立互信。

◆ 如果要教训孩子，父母也要解释清楚为什么刚刚那个行为是不对的。当然也要给孩子辩驳的机会，但辩驳并不代表可以逃避惩罚。

◆ 在解决问题、建立私人空间、制定触犯规矩时应受的惩罚等方面，父母都最好征求孩子的意见。

◆ 要多顾及孩子的感受。多问些问题，创造安全的氛围，让孩子知道他可以表达自己的真实感受，那么孩子就会畅所欲言，也会更加信任父母了。如果孩子觉得他的感受得到认同，那么亲子间的鸿沟也就缩小了。

◆ 当双方发生冲突时，给孩子机会，让他说出自己的感受，而不是苛求他此刻仍保持理性与你谈话。通常，冲突发生后，应该给双方一些空间好好冷静一下，过一段时间才会更容易坐下来进行双向的沟通。

有效的沟通还包括态度上的要素，在沟通过程中，父母的态度一定要坚定不移、充满关爱、循循善诱、应对有度、和蔼可亲，要做到这些，你还必须有勇气自嘲和向孩子道歉。孩子跟我们一样，都希望有人倾听自己的心声。学会倾听孩子的诉说，他才愿意跟你说话。

找对时机，停下来和孩子好好谈谈

随着孩子们渐渐长大，开始求学生涯，我们与孩子共处的时间也变得越来越有限，特别是当他们还参加了很多课外活动时。事实上，如果孩子已到了考驾照的年龄，却还愿意与你好好谈话的话，你就十分幸运了。值得庆幸的是，青春期以及更小的孩子还需要我们，所以我们与他们一起“坐车”的时光就显得尤为宝贵。

如果你跟我一样，那么你有时就会觉得这有点像摩西将希伯来人送往希望之乡（希伯来人也称犹太人，相传远古时从幼发拉底河游牧到今天的巴勒斯坦地区，后又迁徙至埃及尼罗河三角洲地区。传说希伯来人在埃及居住了四百三十年，饱受埃及法老的剥削和劳役之苦。后来在希伯来先知摩西的带领下，希伯来人离开了埃及。——译者注），我们无法永远陪伴孩子。成年的过程就是如此，青春期孩子的成长也是如此。因此，尽管我有一连串的设想和目标想与孩子一同经历，最后却发现，随着慢慢长大，她们自己的活动也越来越多，有时，我甚至只能在每天早上匆匆瞥上她们一眼。这还不算，当我带着她们匆匆赶往学校时，一大早的喋喋不休很快就会演变成一场争吵，让每个人都心情抑郁地开始这一天。

最近，我与一位朋友聊及此事。她也坦言，有时她也会忘记，早上与儿子一同坐车赶往学校的时间，其实是他们母子间唯一独处的时间。因为儿子下午要与其他孩子一同补习，还要参加课外活动。

作为妈妈，我们总是准备了各种各样的话题，想寻找合适的时机与孩子们交谈。但**对我们来说合适的时机，对孩子来说未必也合适。**我们会不断抛出我们对他们未来的设想、建议和提醒，殊不知孩子们早已在为这一天作准备了，而且他们的日程表也可能与我们所期待的大相径庭。于是，常常是，我们自顾自地说着，孩子表面上还坐在那儿听着，其实早就心不在焉了。

妈妈下午茶

别用争吵开始新的一天

有一天，我的朋友朱莉娅跟我讲了这么一件事。她边开车边滔滔不绝地安排儿子赛米放学后要做的十件事。当她回头看儿子的表情时，发现他正用手拍打着膝盖，满脸的疲惫不堪。“天呐，妈妈，我觉得你好像在告诉我，今天我还有那么多没有完成的事，可是我才刚起来呀。这一天才刚开始，我已经压力大得胃疼了。难道我们就不能静静地听会儿广播吗？”

朱莉娅住嘴了。她也不想用争吵开始这一天，所以作了一个明智的决定。她把车停在路边，虽然这可能会让赛米上学迟到。她微笑地看着儿子的眼睛，然后坐过去爱抚地碰了下儿子，问他刚刚哪些话让他不开心了。然后，他们就开始了讨论。等到母子间的不愉快消去后，她就把车开到快车道上，迅速驶往学校。

其实，只需要三分钟的时间就能让僵局缓和。赛米笑着给了妈妈一个特别的拥抱，并且说道："妈妈，我爱你。今晚篮球赛结束后再见！"他们彼此又拥有了心情愉快的一天。

作为妈妈，我们有责任告诉孩子，我们一直都支持他们。做到这一点最有效的方法是，知道什么时候才是跟孩子沟通"必做之事"的最佳时机。

倾听孩子，他才会倾听你

如果你问那些大一点的孩子，他们最希望自己的父母为他们做些什么，他们很有可能说："我想让他们听我说话。"具有讽刺意味的是，如果你反过来问父母们同样的问题，他们也会说："我只希望孩子能好好听我说话。"

有无数次，我的两个女儿都因为我没有好好听她们说话而感到万分沮丧。与此同时，我也体味着相似的无奈。有时，父母与子女之间就像隔着一堵厚厚的墙。我们一味沉浸在自己的想法中无法自拔，根本听不进别人的话。

朋友的女儿丽莎刚上高中，不久前，我与她聊了几句。我问她："你觉得什么样的才算好妈妈？"她回答说："我觉得当我妈妈好好听我说话时，她是最好的。"

学会从孩子的视角，用他的眼光去看待世界确实很重要。我们所处的世界仿佛一切都改变了，但关于成长的那些事始终没有变。有很多事需要孩子通过亲自经历去学习。也许我们很难做到，但还是要明白，只有当孩子主动要求时，才向他提供最好的建议。多数时候，孩子只需了解，他碰到什么问题，可以找父母诉说，父母一定会理解他的苦衷。

妈妈下午茶

当孩子诉苦时，请耐心倾听

理查德总是比我更善于倾听。很多时候，我多么希望自己的行为能有所进步，但我总是缺乏倾听者该有的悲悯。肯娜刚刚转学时，曾有过一段很不开心的日子。几乎每天下午放学后，她都以泪洗面。我总是想，如果我当时能多点耐心听她诉苦，能当她的“情绪垃圾桶”，也许她就能更快适应新环境了。

回想当初，我是多么不耐烦，因为我觉得女儿不理解我们的苦心——为了让她接受更好的教育，我们几乎费尽周折。但是，孩子总是习惯从自己的角度看问题，而我却犯了一个致命的错误，幻想着她能从我们的角度看问题。

做一个倾听者就是要给孩子自由表达的空间。也就是说，你不必费劲去摆平他的问题；你不要把自己的想法和经验掺杂到他所说的这件事中，而要让孩子自己经历、自己体会，你只管在一旁听就行。理查德就常常在一旁专心致志地倾听着，偶尔点点头，或者在孩子哭的时候把她们拥在怀中，而我更像一个反应很大的听众。想想吧，我这么关心她们，她们的生活与我休戚相关，我岂能坐视不理（当然这可能只是我一厢情愿的想法）？

我总是觉得，孩子要是出了什么问题，那肯定是因为我做得不够好。所以，我有义务介入其中。我只想让孩子快乐。于是，我就带着这样的好意不停地说，但有时就因为我的喋喋不休让事情变得更糟。

我一个朋友的女儿丽莎刚上高中，不久前，我与她聊了几句。我问她：“你觉得什么样的妈妈才算好妈妈？”她回答说：“我觉得当我妈妈好好听我说话时，她是最好的。多数时候，我带着困惑去找她，其实只是想有人听我说说话。”

丽莎的话给了我很大的启发，我开始学着从自己多次失败和少数成功中总结出经验。当孩子带着关于学校、友谊、道德和价值方面的问题跑过来找你时，无论他说的是天真幼稚的问题如“妈妈，我不喜欢莎丽玩的时间比我多，这不公平”，还是少年老成的问题如“妈妈，我想避孕”，你都只有两种选择，要么干着急，杞人忧天，要么给予他关爱、理解和支持。

如果你对此大惊失色，那多半是因为你首先考虑了自己的处境：这会对我的生活产生什么影响呢？会让我在朋友面前很丢脸吗？这种想法必然妨碍你耐心地倾听孩子说话。其实有些时候，孩子只是想发泄他的情绪而已。当然，也有时他是在寻求有效的指导。

除了惊慌失措之外，我们还有另一种选择，那就是孩子说话时，我们只倾听，不作任何判断，只需设身处地地理解他的心情。如果我们成了最好的倾听者，好好听他诉说，并给予他关爱，那我们就能得到孩子的尊重与信任。总有一天，他也会认真听我们说话，这个意义非比寻常。

大胆地说：“我知道，那真是逊毙了！”

我曾经提到过，妈妈要做个容器，容纳孩子的情绪。有些时候，你只需要在场，像空气一样，不说任何话；更多时候，你需要在倾听的同时，与孩子有效沟通，拉近彼此的距离。

你可以用很潮的语言诸如“逊毙了”（口语，意为“糟透了”。——译者注）之类，来表达对孩子的同情，以便拉近双方的距离。刚开始时，你可能会觉得别扭，他也是。但不久后，他会更快、更准确地明白你的意思，而这种效果是其他口语表达不出来的。目的达到了，不是吗？

有时，你不得不抵制自己想要“搞定”一件事的天然冲动。随着孩子渐渐长大，有时他需要的只是你能够静静地聆听，并允许他发泄一下。他想要的不是你的建议、解决问题的诸多办法，他真正想要的其实是希望听到你简单地说一句：“我理解，那真是太逊了。”

使用这个策略时，你不必指手画脚，不必滔滔不绝，也不必沉浸在他的负面情绪中。你只需要表示自己听懂了，并深深理解他的难处就可以了。你可以给孩子留下解决问题的空间，而不提供任何建议。当然，如果他要求，那又另当别论。

妈妈下午茶

有时，女儿只需要你的同情，不是建议

有一天，肯娜跑过来向我倾诉她的郁闷，因为她代表班级写的一篇文章没有得高分。于是，我向她提出如何处理这个事情的建议。她阻止了我，说："唉，我的妈呀，那些我都知道。我只想说我很难过。我就想让你明白，有些情况就是太烂了。你能不能就说一句：'我知道，那真是逊毙了'啊？"

我终于明白了，并且还在不停地学习，毕竟要克服替孩子搞定问题的思维冲动还是挺难的。大多数时候，他只需要一个发发牢骚的空间，并且父母们能够接受本色的他就行。也许，"那真是逊毙了"这句话，你很难说出口，但还是尝试一下吧。

告别"碎碎念"，把话写在便笺纸上

以下方法能让你与孩子之间更容易沟通。这个方法真的很有效，而且简单易行。

在我看来，许多理所应当由她们自主完成的事，女儿们往往强烈抵触或者反应冷淡。每每想到这一点，我就很沮丧。几次好言相告都无济于事，我就只好不断唠叨。这时候，孩子们就会筑起一堵反抗的墙，任我歇斯底

里，她们却无动于衷。不管我说多少次，她们都当做耳旁风。渐渐地，我也讨厌自己，像一只破录音机，一遍遍老生常谈了。

妈妈下午茶

用字条而不用嘴“说”，女儿更爱“听”

杰西上初中时，肩膀受伤了，需要做物理治疗。其中一个治疗环节是绑着绷带做锻炼，以恢复肩部肌肉，就像游泳运动员那样。那时，她不光还包着绷带，还带着牙套帮助上下颌对准。她当时才十二岁，根本不懂如果不做物理治疗，不矫正牙齿，不恢复肩部肌肉的话，会有什么后果。

肯娜是素食主义者，需要吃维生素补充营养。她的情况就比较好管，因为我只要站在桌子旁看看她有没有吃维生素片就知道了。如果我不在一旁监督，就有可能会发现她吃了早饭，但维生素片还留在纸巾旁边。

在我们家，有些事情是不容妥协的，于是就成了我们母女之间争执的导火索。有一次，理查德正好出差进行新书宣传活动，我近乎绝望地打电话给他，告诉他女儿们根本不听我的话，但肯定有什么更简单的方法,可以让她们听我的话。他建议我给她们写留言条，不要直接用语言提示，这样就可以避免双方的正面冲突。

我跑到商店，买了一堆不同颜色的便笺纸，然后把这些纸条贴在她们的卧室、厨房和卫生间的镜子上，我知道这些地方比较显眼，她们很容易看到。

她们确实看到了。一开始，我会在上学前把红色纸条贴在前门通道上。更令人高兴的是，她们真的照做了。渐渐地，每张便条都会按颜色编码,逐步发展成了一个字的提醒。我用蓝色纸条，写上“绷带”，用粉色纸条提醒“维生素”，我甚至还用这些纸条提醒其他事，比如“喂狗”“读日志”“洗衣服”等。

女儿上高中后，她们的“必做事项”列表更趋复杂，但她们也变得越来越不愿意听我的话。事实上，我不太赞成女儿这一辈通过网络大量用文字交流的做法，因为我认为通过科技为媒介进行的交流总是缺少点人情味。我还发现女儿们甚至连我的语音留言都不肯听了。

如果想要孩子听话，就必须投其所好，用她们的语言沟通交流。我终于发现，短信是女儿这一代人的常用沟通方式。为了吸引她们的注意，我也只好加入这个行列。当然，我也注意到了，用短信提醒对方，不会造成压力，而且所有指示她们大都会照做。我明白了，在很多时候，妈妈跟孩子当面说话容易变成说教，而把对孩子说的话写在纸条上或短信中，就会避免这种情况。没有了压力，有时孩子也会用短信向我求助。比如临近考试，她们常常会发短信向我诉说她们的考前恐惧。这时，我就会回一条“做深呼吸”。

当然，发短信不能也不应该完全取代当面探讨重大现实问题，因为短信沟通时，双方无法作出相应的反馈。孩子们也都明白，这只是一种沟通的方式。

每当我想要表达些什么，无论是温馨提示她们“照顾好自己”，还是仅仅说一句“我爱你们”，都常常用发短信和留纸条的方式，因为这既可以减少母女互动过程中的直接冲突，又能实现管教孩子的目的。

做孩子的“情绪垃圾桶”

从怀孕开始，你就像是一个容器。把孩子紧紧包裹在子宫里，给他温暖，养育他，照顾他，他才会安全长大。但孩子一旦出生，我们就再也不能时刻保护他们了。

童年和青春期总是令人烦恼的。即便是最快乐、最乐观的孩子也可能刹那间变得沮丧、忧郁，所以，他们的情绪需要安全地疏导。这就要求我们帮助孩子绕开危险和自我伤害的行为。你可以运用以下这个策略，帮助你正值青春期的孩子，畅快表达自己的感想。

妈妈下午茶

我抱住悲伤的女儿，问道：“还有呢？”

记得理查德去世时，我亲爱的朋友，非营利机构“挑战日”(Challenge Day）的创办人伊冯娜，让我把自己当成容器，为女儿们表达悲伤情绪提供空间。当时，两个女儿都在上高中。如果她们把悲痛情绪封存在心底，就会很危险。伊冯娜建议我把女儿们的情绪疏导出来，不要从个人角度对她们内心的挫折、生气和愤怒妄加评论。

相反，她建议我把自己当成空的容器，容纳孩子们的各种情绪，并采用一种不会伤害他们的方式，将这些情绪安全地释放出去。当然，我只是为她们提供空间，而不是吸收她们的情绪。当她们发泄完情绪后，我也要马上把这种不良情绪释放出去。

高中时期已经够艰难了，而失去亲人的痛苦更让这段时期的生活雪上加霜。当时的肯娜只有十四岁，理查德的死对她造成了严重的打击。她吃不下、睡不着，一直不停地哭。这种状况持续了好长一段时间。那时，我唯一能做的就是成为她的情绪垃圾桶。至于具体的方法，伊冯娜建议我，当肯娜愿意说话或者将进入另一波悲痛情绪时，试着问问她：“还有呢？”

生活之路总是崎岖坎坷，我们的孩子也会经历各种各样的不顺利。他们会失恋，会与自己讨厌的老师闹矛盾；他们也可能觉得在学校很不自在，感觉孤单，或者被沉重的学习负担压得喘不过气来。不管什么原因造成了他们的痛苦，上文中的策略始终屡试不爽，能帮助他们渡过难关。这样，他们就不会有出格的行为，也不会用自我伤害的行为来发泄情绪。

当一个人正在发泄情绪时，如果有人能陪伴在身边，帮他发泄得更彻底些，将起到神奇的疗伤效果。有时，恢复宁静的最好办法就是“让暴风雨来得更猛烈些”。安慰受痛苦折磨的孩子，不一定要开解他们，只需平静地问问：“还有呢？”就能帮助他们通过语言和泪水将一切宣泄出来，让他们重获生机和活力。

情绪需要表达。我们不能也不该强忍泪水，强颜欢笑。我们常常见到小孩子一会儿哭着闹着，一会儿又破涕为笑的场景。他们拥有释放自己情绪的本能，我们也一样。我们都要学会宣泄情绪，而不应该对其置之不理。如果一味沉溺在消极情绪中，只会让心灵的伤口溃烂，然后演变成大面积感染。

作为父母，我们无法医治情绪，但能帮助孩子更好地应对。**伸出你温暖的双臂，把孩子搂在怀中，就像当初把他紧紧包裹在子宫里一样。**

等待合适的时机再说服孩子

教导孩子，时机比什么都重要，特别是当你试图突破障碍与其沟通时。孩子身上总会发生很多事，他不会一五一十都告诉你，你所能做的就是暗地里站在孩子的角度看待他碰到的问题，小心谨慎地观察，同时搜集各种信息，然后等待合适的时机再与他探讨问题。如果时机不成熟，就干脆闭上嘴巴，侧耳倾听。运用些智慧，讲究些策略，才能达到你想要的效果。

妈妈下午茶

为了参加派对，女儿撒了谎

最近，我听到两位妈妈谈论她们正处于青春期的孩子。她们的女儿布莱恩娜和德娜是好朋友，两个孩子经常一块儿出去玩，也常常在对方的家里过夜。其中一位妈妈说道："我觉得有必要告诉你，你不在家的那天晚上，两个孩子去参加了一个派对。我不知道你女儿德娜有没有跟你说过。"

这时，另一位妈妈的反应很强烈。她马上收紧下巴，紧紧地皱起眉头，摇着头回答说："德娜跟我说的可是完全不同的版本！哼，等她今天回来，我一定要好好说说她。我讨厌她总是撒谎！"

这位妈妈的反应让我感到很困惑。比起教她女儿下次要讲真话，她似乎对挑衅女儿更感兴趣。这么一来，"尊重父母"就变成了"受父母掌控"。这是经典的沟通障碍：德娜向她妈妈隐瞒了事实，"我不告诉你我要去干嘛，是因为你一定不同意呀"。

这位妈妈不去找女儿撒谎的缘由以更好地应对和改进，反而充满火药味地勒令女儿不许再撒谎。我对她这么做的效果很怀疑。古语有云："有其母必有其女"，德娜很有可能跟她妈妈一样固执。所以，在女儿回来时扑上去不分青红皂白骂一通，根本不能解决问题。

我认为，这位妈妈最好先耐住性子，多搜集一些信息，等着下次找机会再说。她可以再给德娜一次机会，让女儿自己说出去向。如果德娜再次撒谎，可以当场把事情挑明。在说谎风波的背后，其实是有一个时机的。利用这个时机，母亲可以跟女儿好好谈谈。

我还认识另一位妈妈，在接送孩子上下学时，总会听孩子们在车上说的话。她会在车上播放音乐，把前座的播放器关掉，后座的开着，这样就能听到孩子们说什么了。她在车上听到的只言片语让她更了解孩子，因为孩子完全忘记了车上还有妈妈在。可能有人会觉得这是偷听，但作为妈妈，这也不失为一种收集信息的聪明办法，你可以知道下次教导孩子的谈话该从哪里着手。

如果你的儿子或女儿刚好讲了一些话触动了你，你就可以趁机教导他。

比如，你听到男孩子们在谈到女孩时有些出言不逊，就可以等待合适的机会，教导一下孩子尊重异性有多重要。关键是要多掌握有用的信息，用最适当的机会讨论特定话题，这样你的话就会更有分量。当孩子有所感悟时，你的目的也就达到了。

别问“怎么了”，多问“有什么开心事吗”

有些人可能不需要别人的帮助，就能顺利摆脱挫折感，但孩子大多不具备这样的能力。多说些开心事，能帮助孩子早日走出情绪低谷，破涕为笑。同时，也能让他明白，看待问题有多种视角。

妈妈下午茶

“有什么开心事要告诉妈妈吗？”

我的一位女性朋友戴娜有一天去学校接她八岁的儿子威尔。她看到儿子慢慢地走过来，拉开车门，然后耷拉着脑袋坐进车里，很不情愿地跟妈妈打了声招呼。像许多特别关心孩子的父母一样，戴娜关切地问道：“嗨，宝贝，怎么了？”威尔无精打采地回答说：“我也不知道，只是今天有些郁闷。”

戴娜想了想，巧妙地回答道：“好吧，既然你说不出个所以然，那就告诉我今天有什么开心事吧。”接着，她开始用各种方式逗儿子开心：“今天休息时，有没有吃到好吃的零食呀？”“告诉妈妈今天学校发生了什么有意思的事。你们教室里的兔子怎么样了？自从上次那个女生清理兔笼忘记关上笼子门之后，小兔子们有没有再次调皮捣蛋地逃跑呀？还有别的什么趣事没有？”

没多久，威尔就哈哈大笑起来。

“今天有什么好事？”这句话提醒我们，事情总有好的一面。我们这些成年人总是倾向于看到事情的消极面，这一点我很清楚，因为我在与很多女性朋友聚会聊天时，总会有那么一段时间，大家都是在释放怨气，抱怨每天都无法摆脱的烦恼，比如家务活多么琐碎乏味、与家人的关系多么微妙复杂等。而且，每次总要抱怨够了之后，才会说起好事。

但是，有一点很多人都忽略了：我们心情好，生活才会变得美好；反之，如果我们只看到生活中的消极面，就会一直情绪低落，生活自然也就会黯淡无光。更重要的是，当我们问孩子“怎么了”的时候，恰恰会加剧这种低落情绪。如果我们把注意力转移到那些积极的事儿上，就很容易走出情绪低谷。

多注意生活中的好事，能帮我们和孩子保持良好心情，步入更加幸福的生活轨迹。没有比孩子脸上绽放的笑容更让人开心的了！试试吧，如果下次你与孩子遇到了类似的情况，请直接问：“有什么乐事吗？”教导他们：也许天天开心并不可能，但总有另一种视角可以看待生活。

多交谈、多倾听，才能与孩子“心有灵犀”

从一个小生命诞生的那一刻起，你就开始了与其建立默契的征程，这是你一生的使命。与婴儿建立亲密关系很容易，但要与正值青春期的孩子建立亲密关系，却绝非易事，可能需要你全神贯注，全力以赴。

“心有灵犀”意味着你们在互动过程中已达成某种共识，能够坦诚相待，彼此信任。有时，你与孩子之间的想法惊人地一致，沟通也显得轻而易举，你们默契十足地彼此回应着；但也有一些时候，你们之间好像在相互戒备，难免出现负面情绪。妈妈们往往身兼多职，既是营养师又是老师，既是朋友又是向导，因此你应该知道什么时候要默默支持孩子。如果你希望孩子与你毫无芥蒂地分享看法和心事，最好多倾听而不妄下定论。要让每一次互动都增加彼此的信任感。

妈妈下午茶

“妈妈，大道理还是留着下次再讲吧”

我曾亲眼目睹我的朋友与她九岁女儿在厨房发生的事情。奥利维亚没有把垃圾分类，胡乱扔进了回收垃圾桶，妈妈丽莎温和地纠正了女儿的错误：“奥利维亚，垃圾分类放进回收站这个事情本来是你教我的哦，可是我最近发现我们家的垃圾回收情况不太妙呀。你看，这堆东西应该属于……”

丽莎的口吻尽可能心平气和，但听着有点像要开讲座似的。她还打算继续说下去，可是奥利维亚突然伸出小手抓住她妈妈，靠过来盯着她，用小声但很坚定的语调制止道：“妈妈，妈妈，妈妈！我听你的，大道理你还是留着下次再跟我讲吧。”丽莎立马就不再说下去了。我们都被人小鬼大的奥利维亚逗乐了。这对母女之间的默契让她们风平浪静地度过一场风波。

要与孩子保持十足的默契并不总是那么顺风顺水的，任何关系的建立都需要经历波折。这种默契会伴随着孩子的不断成长而发生变化，因此妈妈们要尝试从孩子的视角看待世界，寻求新的方法了解孩子的世界观，从而与他建立起新的共识。为此，你可以适时借助幽默感，在与孩子合作完成学校布置的任务，一起做顿饭，一起做运动等活动中进行高质量的沟通，这是巩固感情的良好途径。

如果你能与孩子日益心有灵犀，那么在为他定规矩的时候，也会减少一些抵触情绪。由爱、包容和尊重建构起的相互理解，总能在很多时候带来令人欣喜的结果。请记住，为人父母的目标是让孩子们毫无抵触情绪、心悦诚服地听话。当你与孩子心有灵犀时，你就会欣喜地发现，你和孩子之间会时不时出现“最佳互动”。

Chapter 3

别替孩子做太多

作为妈妈，你希望孩子顺利长大，总想替他打点好一切。请克制一下，不要给予他太多。分清自己的需要和孩子的需要，尽量遏制想要“塑造”孩子的冲动，让他做他的梦，而不是成就你的梦。

别管孩子们之间的争吵

孩子们之间无法和睦相处，是妈妈感到最沮丧的事之一。妈妈没做错什么，但看到我们疼爱的孩子们相互指责捉弄，甚至残酷地对待彼此，总会让我们揪心。

当我们生下第二个孩子时，我们想当然地认为老大会多个玩伴和终生好友，但现实并非如此。从孩子学会“我的”这个单词起，他们就开始为了占有而相互掐架，不管是物质还是情感方面。尽管这个现实让我们很难接受，但其实同胞兄弟姐妹之间打打闹闹是正常的。

后来我也逐渐认识到了：兄弟姐妹之间终有一天会停止争吵，他们会懂得如何应对彼此间的差异。

任何有兄弟姐妹的人都明白，拥有同胞手足有很多好处。孩子们在相互争吵中能学会如何解决冲突，能逐渐找到自己在这个世界中的坐标，懂得如何通过谈判来获得自己想要的东西。

随着孩子们渐渐长大，他们彼此间的差异更加明显（比如年龄、性别、兴趣和特长），他们的争吵也会相对减少，因为他们在家庭中所处的位置和扮演的角色日渐清晰。

当每个人都建立起特定的身份之后，他们就停止了竞争，开始寻找各自的长处和优点，从而形成自己的独特性。但要达到这一阶段需要些时间，而你应该平等对待每个孩子，帮助他们确立自己的个性，避免相互妒忌。

妈妈下午茶

孩子们争吵时，别当“好好先生”

就像所有的姐妹一样，我的两个女儿杰西和肯娜也是一会儿成了最好的朋友，一会儿又成了势不两立的敌人。她们小时候，我总是不可避免地会被卷入她们的战争中，但“好好先生”不是那么好当的。通常，我会把事情弄得更糟。

我发现，三个人很难达成冲突解决方案，因为总有一个孩子觉得其他两人在联手欺负她，而自己却孤立无援。渐渐地，我坚持要她们自己解决争端，因为我知道如果我不抽身，她们永远学不会独立处理问题。我教她们要学会换位思考，同时反复回答和解释自己的意图。

有时，我们会轮流充当“演讲者”，然后，我要求女儿们想出一些解决问题的方法，把它们都写下来。她们两个一起决定选择哪一种，几个小时或几天以后再来看看，这个方法是不是奏效。必要时，再用另一种妥协办法。

这种处理办法为以后她们之间的争端解决奠定了基础。这些锻炼对她们的好处显而易见。很多年后，她们成长为了坚强独立的女性。

生活就是处理一个接一个的麻烦，而解决手足之争能让孩子学到诸如公平、尊重、自我控制和谈判等人生道理和技巧。我们必须明白，尽管我们的孩子生长在同一屋檐下，他们还是会形成不同的世界观。就像大人一样，他们也是通过自己的双眼看待世间万物。作为父母，我们能提供的最好帮助，就是鼓励他们发现个人天赋和独特才能。当他们逐渐形成自我身份时，他们就会独立于自己的手足同胞，甚至独立于父母，这样敌对意识就会消减。我们也不要把一个孩子与另一个孩子相比，对比只会引发怨恨。

我总是努力让女儿们明白，我给予她们的爱都是相同的，只不过方式各有特色。孩子们逐渐适应，并且对自己的独特身份感到自信时，成功、失败或者各自差异都变得不再重要。别为手足之争而抓狂，情况总会随着时间的推移而日渐好转。当孩子们学会自己解决问题时，他们也就进行了最好的沟通训练，最终一切都会柳暗花明。

别把孩子间的冲突演变为“妈妈闹剧”

在抚养两个女儿的过程中，我最没有心理准备的是，一次次重温电影《贱女孩》（*Mean Girl*，与下文中的 *Queen Bee* 都是描写中学女生的社交小团体对女孩心理产生不良影响的电影。——译者注）和《女王蜂》（*Queen Bee*）这样的“戏码”，我本以为它们只属于我的年轻时代。再没有比眼睁睁看着自己的孩子经历同样的痛苦更让人揪心的事了。每当此时，一定要提醒自己不要擅自越界，要遏制自己内心想保护孩子的强烈愿望，以免过度介入他的生活中，因为这毕竟不是你的人生，而是他的。

初为人母时，我们可能不会想到自己将重温年少时的痛苦经历。毕竟，我们以为自己的孩子会免遭厄运。我们以为，我们那可爱、完美无瑕的女儿是不会遭到其他女生背后的恶言相向，也不会夜不归宿或突然留宿朋友。

当我们的孩子被他的同龄人欺负时，我们自己也和他一样难过。因为我们觉得，发生在孩子身上的事就等于发生在我们身上。由于我们过于感情用事，自然也“入戏”太深，也极易忘记，孩子就是孩子，他需要从争吵和失望中学习。

妈妈下午茶

短信对骂事件，是帮了女儿还是害了她？

我认识一位女性，她对此有切身体会。她有个十二岁的女儿莎拉，正处于被“贱女孩”欺负的风口浪尖。莎拉总的来说还是一个比较自信的女孩，但那个星期五的下午，她终于受不了朋友艾莉森“莎拉真没劲,她跳舞太难看了。莎拉太差劲了,卡莉才厉害”的“炮轰”而大哭起来。同时，艾莉森和卡莉的友谊迅速加深，莎拉却被排除在外。

第二天早上，莎拉被一条短信吵醒，是艾莉森发来的，短信内容还是很不友好。莎拉的妈妈看到手机后，就用女儿的口吻与艾莉森进行短信对骂。她实在不忍看到女儿受欺负，以为可以用自己所掌握的恶劣语言帮助女儿扑灭艾莉森的嚣张气焰。

这个主意实在太糟糕了！因为艾莉森很快就发觉跟她发短信的人并不是莎拉本人，而是莎拉的妈妈。到了星期一，并不知情的莎拉遭到了比以往更加恶毒的辱骂。我的朋友此刻才意识到，她不但没有教会女儿如何合理应对这种局面，反而亲手把小事闹大，酿成了一出“妈妈闹剧”。

要做到适度介入孩子及其朋友的冲突中，把握好自己的尺度，往往是很难的。我们的很多至交好友都是通过孩子结识的。有些是在孩子学前或小学时期认识的，那时候孩子们情况都相似，相互之间也很合得来。但随着年龄的增长，孩子开始出现分流，他们的身体发生了变化，兴趣也改变了。

随着孩子们生活的改变，有些妈妈发现，她们通过自己女儿或儿子而结识的好朋友与她们之间的关系也随之发生了变化，可能仅仅是因为孩子们之间的关系不再像以前那么密切了，甚至可能变得糟糕或尴尬了。或者有时，妈妈之间的关系很密切，而她们的孩子虽然同龄却相互讨厌。这些都是潜在的“妈妈闹剧”。

不过，只要大家都接受现状，懂得每个孩子都在朝着适合自己的方向发展，那么这些闹剧是很容易避免的。有时，关于孩子的话题常常点到为止，因为每位妈妈都心领神会，都不想让自己的孩子或对方的孩子感到难堪，所以都把话题集中在大人身上。

妈妈很容易对小孩遇到的成长烦恼感到敏感，因为这些烦恼我们也曾遇到过。我开始学会用理智来干预情感，时刻提醒自己，我不能通过女儿的经历来治愈自己的感情创伤。我只能在女儿背后支持她，而不能直接介入她的生活。

我很珍惜与其他妈妈的友谊，并且明白我们都能做到不掺和孩子的事。**为孩子解决难题与让他自己学着解决问题之间有着明显的界线。**我学会了尽量避免介入孩子的冲突中去，我会时刻保持一种审视的态度，教她们如何得体地说话，从而将“妈妈闹剧”发生的概率控制在最小范围内。

孩子想哭时就让他哭吧

作为妈妈，我们希望孩子拥有很多美好事物。我们希望他开心，实现梦想，身心健康；我们希望他不吸毒、不酗酒；我们希望他能找到真爱，拥有美满婚姻……不管他选择什么，我们都希望他的人生之旅顺畅、开心。

在美国的文化中，很早就有关于成功和成就的严格定义。它包含具体的学院派量化指标：智商、考试分数等，但现在这些都改变了。这在很大程度上要归功于丹尼尔·戈尔曼(Daniel Goleman)所作的贡献，他在《情商》(*Emotional Intelligence*)一书中指出，自我动机、主动决断、乐观、同情心和人际关系中的社交能力是提升幸福指数的关键要素。如果只是学习成绩优秀，获得各种赞誉，不一定会取得专业领域的成功，也不一定会获得爱情，更不足以滋生幸福。

与此相反，一个人的情绪管理能力、交际能力、建立友谊、解决问题和处理冲突的能力等更有可能达成上述目标。在今天，幸福和成功比以前更难以捉摸。它和直觉相关，取决于很多非智力因素，比如对周围情景的解读能力、交流能力、表达能力等。

我所认识的最优秀、最有幸福感的人都具备这些特质。令人欣慰的是，人们渐渐明白自我表达的重要性，并鼓励孩子表达他的感受。曾经在相当长的一段时间里，男孩和女孩都受到旧式教育理念的禁锢，女孩必须柔声细语；男孩则要现实理智，不能表现出情绪化的敏感，“要做男子汉”。

然而今天，我们生活的世界开始接纳温情。希拉里·克林顿在总统竞选游说过程中潸然泪下，当时众议院议长约翰·博纳也忍不住流泪。我们完全可以自由表达情感。智商不再是评判政治领袖和各行业精英的唯一标准，考试成绩也不再是衡量学生是否出色的唯一指标。

在之前的篇章中，我们已探讨过要了解孩子的强项和学习风格。这种新思维提醒我们，有些高情商的孩子可能并不是考试高手，但他们仍然可以成为杰出人才。他们会运用自己的直觉，同情心和创造力等情感要素，开辟出一番新天地。

克制下，不要给予孩子太多

我和理查德初为人父母时，周围朋友也都刚生了宝宝，开始了新的家庭生活。正如你所知，第一个孩子总会在各方面给人带来极大震撼。记得我当时一直在问自己：我是否懂得如何抚养小孩？我是否已掌握了必要的知识？其实，很多事情自然而然就会了。

作为妈妈，我们总是希望孩子能一帆风顺地长成大人，于是免不了为他做太多事，但这会降低孩子自己处理问题的能力。所以，要适可而止，别为孩子打点好一切，这点很重要。

美国是一个移民国家，每一批移民都是靠努力工作才在这片土地上扎根立足的，每一代人都奋力为家庭创造更好的生活。很多人想当然地认为，下一代人的生活水平应该比父辈们更高。但很多父母发现，舒适的环境却培育出“享受特权成自然”的一代。有的孩子缺乏坚忍不拔的工作精神，也因此失去了拼搏的动力。

妈妈下午茶

换完尿布后竟还替孩子吹干屁股？

肯娜出生后不久，我去拜访刚生完第一胎，正在休产假的朋友罗莉。她刚刚换完孩子的尿布，然后把吹干机搬出来，替孩子吹干屁股。看到这一幕，我惊呆了，问她究竟在干嘛。

她不以为然地答道："哦，我每次换完尿布都给他吹干，这样他就不会觉得冷了。"她说得好像每个父母都应该在给孩子换完尿布后替他吹干屁股一样。我想竭力忍住不笑出来，但没成功。这简直就是活生生的"做太多"的例子。

当时我正在带两个女儿，一个两岁，一个半岁。我想我已过了那个想当"完美"妈妈的年纪了。我在这方面犯过不少错误，可能还会继续犯下去。但我也意识到，事事都替孩子做好，会给他带来什么样的后果。让你的孩子哭一会吧，真的没什么问题。会哭的孩子更健康。

我们没必要为了让孩子懂事而让他过我们这代人的生活。但我们可以根据当下环境、价值观，问问自己：给多少算太多？如果我们替孩子安排好一切，他不费吹灰之力就拥有了一切，他是不是就失去了个人奋斗的内在动力？给了他想要的，我们是不是剥夺了他个人奋斗和取得成功的宝贵机会？所以，**让孩子适当"挣扎"一下是有好处的，一个懂得努力拼搏获取成功的孩子，要比一个有天分但却不想工作或奋斗的孩子强得多。**

请记住，做些小事来展示我们的爱是必要的，但也要警惕我们在无私给予的过程中传达了怎样的信息。不要让孩子过于舒服，这会在日后带来丰厚回报（连奥巴马的女儿们都要自己叠被和做很多家务事）。终有一天，你会和孩子们共同庆祝，为他通过自身努力向梦想靠近了一步，为他终于明白何为生活，也为他懂得了如何照顾自己。

这不是你该写的作业

如今，孩子开始做家庭作业的时间越来越早了。从幼儿园起的十二年中，家庭作业将成为你孩子生活的一部分。正因如此，早期培养孩子做家庭作业的好习惯就显得尤为重要。但如果你认为替孩子做家庭作业是在帮助他，那么等他上了大学，你将会继续替他做下去。但是，不管是研究论文还是大学毕业论文，那肯定不是你所能写的。

妈妈下午茶

这些“学生作品”，究竟是孩子的还是父母的？

四年级时，杰西所在的班级要求完成一个叫做“加利福尼亚使命”(The California Mission) 的项目，要求每个学生独立研究加利福尼亚历史和文化的某个方面，然后如期制作出故事板和立体模型，并在全校范围内展览。

在参观展览时，我马上意识到我女儿同学的父母们都接管了原本属于孩子们的项目。大多数参展作品都造价不菲，设计也煞费苦心。很显然，它们并非出自孩子们的灵感，也非其亲自制作而成。就连口头陈述报告也不见得是孩子们自己准备的。因为用词相当复杂，内容修饰得过于精美。

如果是制作航天模型这样的项目可以另当别论，但如果只是一个计分的作业都要这样代为操刀的话，这对于其他自己动手的孩子们而言就是非常不公平的。因为他们实际上不是在和同龄人竞争，而是和他们的父母。另外，这种作法让孩子形成一种可怕的认知，即欺诈是可行的。

家庭作业的情况也类似。做家庭作业的目的是补充和强化白天的课堂学习。不过，通常一到晚上，家里每个人都很累了，又缺乏耐性，与其想方设法指导孩子完成作业，还不如父母动手来做更省事。但当你这么做时，其实无异于增强了孩子“自己做不了家庭作业”的认知，更加强了他完不成作业的焦虑感。

实际上，如果你觉得孩子的作业过量的话，可以充当他的辩护人，并联合其他学生父母，同老师沟通。这种作法是可取的。我过去常常因为孩子的作业问题而给他的老师写便条，告诉他作业太多了，孩子压力过重。

除此之外，还要帮助孩子认识到，不能单纯为了完成任务而完成家庭作业。相反，要想方设法帮助孩子想出解决办法并理顺思路、组织语言。别忘了，这不是你该做的家庭作业。**真实和诚实的自我表达，并且拥有完全属于自己的作业，对孩子而言是一种内在收获。**与之相比，分数真的算不了什么。

拜托，这到底是谁的梦想？

虽然是我们把孩子带到这个世界，但他毕竟不是我们的附属品。这话有些老生常谈，但却是真理，尤其是在很多父母都不自觉地成了孩子的“代理人”的时候。我们要帮助孩子寻找他的梦想，从旁协助他成才，同时也让他充分享受成长过程。

然而，很多时候常常是我们为孩子规划了未来，出于“好心”把孩子逼得很紧，要他表现得如何如何优秀。每当孩子在各类竞赛或考试中展现了才艺，取得了成绩，我们都该扪心自问：这到底是谁的梦想？是我们在孩子身上寄托了我们的梦想，还是孩子自己的梦想？

总有这样好胜心强的妈妈，督促孩子一定要表现出众，不论是舞台上、舞蹈室、溜冰场、网球场还是其他地方。每当看到痴迷选美大赛的妈妈们，跟着走路都不稳却盛装打扮的孩子一起练猫步，我都怀疑其实是妈妈们自己想要进入这个五光十色的世界。

也许，有些小孩确实喜欢这种镁光灯下的生活方式，天生就是演员。

但多数时候，都是孩子的父母在推动这些事情，他们或许希望自己的孩子能一鸣惊人，以完成他们多年未遂的心愿。

像举世闻名的网球运动员安德烈·阿加西（Andre Agassi），他的父亲在他很小的时候就把球拍交到他手中，对他进行高压、高强度训练。尽管阿加西因此获得了不少荣誉和财富，但他却开始痛恨网球，并承认自己对网球有着极度矛盾复杂的情感。有时，父母的愿望显得比较实际，相比孩子自己的梦想，父母的安排更能让孩子过上优越的物质生活；然而，更多时候，父母不断敦促孩子出类拔萃，只是为了享受由此带来的虚荣。**如果孩子没有拥抱梦想的激情，那么梦想就会变成梦魇。**

当然，也有些孩子胸怀壮志，天赋异禀，并得到了家人理性的、适时的支持，这无疑是最好的情况。我就认识这样一家人。

妈妈下午茶

父母和孩子做着同一个梦

莎拉和迈克有一个十五岁的女儿。女孩天生热爱表演，在社区剧场已经小有名气，而且一直梦想有朝一日能进军好莱坞。他们家有一定经济基础，父母的职业又比较自由，遂举家迁移以支持女儿的梦想。

莎拉和迈克都有演艺圈背景，他们深刻理解女儿对表演的憧憬。而且，他们还向女儿如实说明，女演员要在演艺圈立足是件很不容易的事，希望她谨慎考虑，作好充分的心理准备。在这个家庭中，父母与孩子拥有共同的梦想，并愿意为之放手一搏。

作为父母，我们能做的就是支持孩子的梦想与追求。但前提是：这必须是孩子的梦想。我们的人生中总有些未达成的愿望，但生活不是为了让人有再来一遍的机会。也许你曾梦想成为运动员、表演家或者音乐家，但这并不意味着你能从孩子身上得到另一次机会。我们很容易忘记，我们只是抚养照顾孩子，他终究还是独立的个体。

如果你一直逼迫自己的孩子，总有一天他会因为缺乏热情而放弃，因为这只是你一厢情愿的梦想。与此同时，他很可能会恨你，认为你窃取了他的灵魂，剥夺了他童年的快乐。你觉得冒这个险值得吗？我认为很不值。

为了孩子，多问问自己：这到底是谁的梦想？这样，你就会避免成为孩子的代理人，同时欣喜地发现原来自己还有梦。

遏制“塑造”孩子的强烈冲动

有一件事我十分确信，那就是，每个孩子都既是独一无二，又是不断成长变化的，就如同云朵会变换各种形状一样。他们外形各异、脾气秉性都不同，才智、能力和天赋也各有千秋。即使是学习方式也多种多样，有的孩子乐于从倾听中学习；有的则属于任务驱动型的，要目标明确；还有一些孩子好动，喜欢从实践中体会学习。有时，我们可能会对这种差别表示忧虑。然而，**作为父母，我们的工作就是接受孩子本来的样子，帮助他发挥自己的长处而不是试图弥补他的缺点。**

妈妈下午茶

酷爱玩具烤箱的小女孩成了面包店主人

我相信所有孩子都会有好的结果。我的两个女儿常常跟一个名叫凯莉的可爱女孩一起上学。凯莉学习十分用功，但她有诵读障碍，要花费很大精力才能跟得上高中紧张的学习进度。但当她还是一个整天玩简易小烤箱的小女孩时，她就梦想做一名厨师。

因此，在凯莉童年时代，她的父母就开始利用一切机会培养她在这方面的兴趣。父母为凯莉报名参加儿童烹饪课，然后一起坐在那里看她做饭；他们鼓励她为家里的晚宴聚会提供饮食服务，还帮她找了一份在当地餐馆当面点厨师助理的暑期工作。

不出所料，高中毕业以后，凯莉没上大学而是选择在一家叫做“Whole Food’s”的面包店工作。此后，她写了一份商业计划书并开始自主创业。如今，凯莉已经拥有一家专为素食主义者聚会提供糕点的面包店。更重要的是，她感到前所未有的快乐。凯莉的父母允许她按照自己的个性发展，而最终她也成了一个活出真我的年轻人。

通常，我们的孩子会抵制我们试图强加给他的生活方式（比如参加教堂的礼拜仪式，或像我们一样安顿地生活下来）。作为成年人，他开始拥有自己的想法，我们最多提供参考意见，并不能左右他的想法。

有时，小时候看起来的缺点或不入流的个性特点，日后有可能会转变成激发孩子巨大潜能和天赋的动力。当我想到我的小外孙卡登，他对周围世界无限的探求渴望，我敢肯定他的自信、反应速度和活力将会为他日后顺利步入成人世界增加了筹码，也为他进入未来高压的工作环境平添许多竞争力。

作为妈妈，我们必须遏制自己“塑造”孩子的强烈冲动。如果你将注意力过分集中在那些问题之上（比如卡登的不够专注），那就会错过孩子的优点（只要卡登想投入，他就能集中注意力在他感兴趣的方面，而且对此有无穷无尽的热情）。我极力主张你能一分为二地看待孩子身上可能存在的缺点，换个角度重新审视。这种做法不仅体现了你对孩子无条件的爱，而且也能帮助你尽力发现并挖掘孩子的喜好兴趣，让其快乐成长。

上大学是孩子的事，让他自己选吧

如今上大学的竞争越来越激烈，给很多家庭造成了巨大的压力。在此，我特别强调“家庭”一词。明明是你的孩子准备上大学，但调研和申请阶段看上去更像是一项集体活动。“家人”们是如此倾情关注细节和决策的过程，以至于我很想问一句：“这到底是谁上大学呢？”

当我和家有将要上大学孩子的妈妈们交谈后，经常会带着心痛的感觉离开，因为她们所谈的尽是如何确保结果，而不是如何选择的过程。当然，我们都希望孩子能够凭自己的实力进入好一点的大学学习，不管是常春藤学校、私立大学、州立大学，还是两年制学院。

但一旦父母插手，就会决定应当申请哪所学校，如何撰写入学申请。平时，父母们总是说“我们这样看待X大学”、“我们喜欢Y学院”，而实际上只是父母的看法，有违孩子的心声。

事实上，有很多大学都适合孩子入读，所以妈妈们要放松一点。作为妈妈，你可能会因为一定要孩子上你梦想的大学而备感压力，其实大可不必。你可以鼓励孩子自己去体验这个过程。也就是说，这是孩子的责任，而不是你的。做家庭作业、调查学校、计划拜访、完成书面申请、注册考试、请老师推荐、完成经济资助表、申请奖学金……这些入学申请的必需步骤，都应当让孩子来完成。你的角色就是帮助，而不是一手操办。

上大学是一大步，在接下来的四年中，孩子会加倍成长。此刻，孩子还在我们身边，我们应该放手让他自己走，让他自己作出最后决定。此刻就放手，而不是到万不得已才放手，就相当于给了孩子一份礼物，好像在对他说：“我相信你。你已经准备好了。”

在入学申请阶段，我发现适当请教一下辅导老师，可以帮我的两个女儿找到适合的大学。当时，在了解了地点和规模的后，我尽量帮助她们选择那些与她们的成绩和兴趣都匹配的学校。如果你的孩子正面临选择大学的问题，以下清单可供他（注意，不是“你”）参考，以帮助他作决定：

◆ 我需要什么样的学校环境、设备、机构、居住条件？

◆ 我想要什么样的课程？

◆ 我想要学校在城市里、城乡结合部，还是郊区？

◆ 我想要学校离家多远?

◆ 如果我有学习上或生活上的困难的话，学校可以提供什么样的支持服务呢?

◆ 社交生活怎么样? 业余时间的活动有哪些? 周末学生们都做什么? 他们待在校园里还是离开这个地区? 大学生联谊会怎么样?

◆ 谁教大学新生?

◆ 学生中的多元性对我重要吗?

◆ 我的资格和历届已获通过的学生相比怎么样?

◆ 作为学生，我的强项和弱项分别是什么? 在社交上又怎么样? 这告诉我什么，能否有助于我作出选择?

◆ 学术上要有所成就的话，我需要哪些条件?

面对大学入学的压力不要抓狂。肯定有一所学校会录取你的孩子。全面观察，综合分析，你的孩子很可能会选择一所适合他开启下一段人生之旅的大学。

是时候走出“鸭妈妈”的角色了

生活多变，问题重重。当你自以为找到答案时，问题已经变了。一些变化将会落在长大成人的孩子身上，就如同他小时候曾经历过的一样。我的孩子就曾遇到过许多变故和挑战。不管是走入迷惘的青春期或由于上学要离开家，还是失去父亲之痛或是一次意外怀孕，对她而言，生活从来不是一帆风顺的。(事实上，即使是现在，有些事情也仍然会让我感到无所适从。)

此时，你能采取的最好的策略就是，作为一个提出建设性意见的顾问来帮助他回到原来的生活轨迹。当成年孩子遇到的成年人的问题（不管是工作问题、教育问题、室友问题还是恋爱问题)，最好能够陪在他身边，耐心倾听，给予指导和支持，但不要试图把他的问题当成是你自己的问题来解决。

我的两个女儿，一个会偶尔询问父母的意见，然后还是按照自己的方式去解决问题；另一个则经常会寻求指导建议。理查德去世后的第二个纪念日，我的女儿杰西怀孕了。她一直在服用避孕药，可想而知，当她得知这个消息时，是多么的吃惊和心烦意乱。

我一开始也不愿相信。但当她哭泣时，我紧紧搂住她并安慰她“一切都会好起来的”。我深呼吸使自己先平静下来。当她平静下来后，我们坐下来进行了一场女人对女人、心与心的谈话。我告诉女儿，这将是她生命中极为重要的转折点，我会和她一起度过，支持她走过每一步。当她即将成为一个妈妈时，我一定会百分之百全力支持她。

妈妈下午茶

可以看护孩子一时，却不能看护他一生

不久前，我的一位朋友告诉我，她那三十八岁的女儿打算搬回家去住。她告诉我，她的女儿曾经毒品和酒精成瘾，现正处于康复阶段。但这已不是她第一次接受治疗，这位妈妈不敢确定自己的女儿会不会重新堕落。

她看着我说：“这就是我的命，我注定要经历这段生活。第一次因为这件事我曾离家两个月。我很担心如果我再撇下她一个晚上，不知道还会发生什么，但我不可能用我的余生像看孩子一样看护她一辈子。”我赞同地说：“是的，你不能这样。管理她的生活不是你的责任，她必须为自己负责。”

我知道有些父母还在介入成年孩子的生活，帮他支付信用卡账单，这只会让孩子不停地陷入债务之中。作为妈妈，本能让我们忍不住要去救救他，正如他还是孩子时我们所做的那样。但问题是，他已不再是小孩子了。

当成年孩子遇到问题时，我们需要冷静地稍微后退一点，评定一下究竟该采取何种措施。是简单地插手为他解决问题，还是帮助他应对生活的变化？**有时，我们需要用“无为而治”来证明我们对孩子的爱。**比如鼓励孩子在逆境中咬牙坚持，教他学会真正主宰自己的生活等。用这种方式，可以帮助孩子走好长大成人的最后几步。

当孩子身处低谷时，我们不能置之不理，但也要冷静地将他的问题与我们自己的问题区别开来。如果凡事都替他解决，就弱化了他独立解决问题的能力，也减少了他体验丰富人生的机会，剥夺了他为自己行为负责的权利。

妈妈是你终其一生都扮演的角色，但这个角色该如何扮演是随时间而变化的。当孩子渐渐长大，年满十八周岁，他仍然需要你，但方式已不同以往。你已经不再是他小时候的“鸭妈妈”，他也不再是当年稚嫩的小鸭子了。允许他自己去飞吧。当他寻求帮助时，去关爱、倾听、支持、指导他，但不能替他解决问题。那些问题是属于他自己的。是时候站到局外了，让他迎头面对，变成真正有能力独自解决生活问题的成年人。

准备好，让孩子飞走

身为妈妈，我们的其他身份就很自然地被忽视。当二十二年前我生下杰西，两年后又生下肯娜的时候，她们成了我生活的全部意义，我的职业生涯就这样被孩子们的事填满了。

然而，生活在变化，我们的生活也是。我生活中的剧变发生在理查德去世之时。悲痛袭来之初，我不由得想到，如果两个女儿都去上大学，剩下我形单影只，会是多么孤独啊！多年来，我生命里最棒的事就是和理查德相爱，并共同建立了美满的家庭。我们生活在爱的怀抱中，而且习惯了在爱的滋润中成长。

原本，这些“空巢”的日子将是由理查德陪伴我一起过的。我们将再次过上二人世界的生活，重新关照彼此，找到新的焦点和方向，调整彼此的关系。当时，我们是多么期盼着这并不遥远的时光啊！

当理查德去世的时候，我一边体味着悲痛，一边也意识到那些预期的美好生活随风而逝了。我渐渐学会了顺从，接受我无法改变的事实。现在，时间到了，我又放手让孩子们离开，这又是一种新的失去。但这一次容易多了，而且令人惊讶的是，这是个皆大欢喜的转变。

杰西高中毕业上大学，是理查德死后不到八个月的事情。旧伤还未愈合，又添新愁，我们一家四口快速减到了两口。三年半之后，肯娜临近毕业，当她在准备上大学时，我又感到了新的战栗。为了这一路走来的剧变，我花了很多时间独自一人待着。

我发现，很多女人会为无法接受改变和转折而悲伤，为空巢而悲伤，因为她的妈妈角色发生了实质性改变。你在妈妈这个角色上陷得越深，你之后可能感受到的不适应和空虚也就越强。虽然悲伤是面对各种失去时的自然反应，但经历悲伤的过程最终也有助于治愈伤痛。所以，任由悲伤情绪来临，它就会指引你走出这片阴霾，然后以新的激情和力量进入生命的下一阶段。

妈妈下午茶

把孩子离开后的生活当作一种冒险

去年，在我坐飞机旅行回家的途中，碰到一对恩爱夫妻。他们的孩子和我的孩子一般大小。他们的家庭井然有序，有很多传统的规矩。我不得不承认，我有些嫉妒他俩依然在一起，婚姻持久且坚如磐石，而且对未来的生活充满期待。

即便如此，那位女士还是向我坦言，她颇为担心，不知道将来孩子离开后她的精力应当放到哪去。她认为她未来的生活将是一种冒险。我点头同意。

不过，如果积极看待的话，这可能是一个探寻独立个性和重新自我发现的机会。这也可能是重新点燃个人兴趣的时期，而之前长期积蓄的潜能都释放在养育子女上了。

如果你足够幸运，老伴还健在，那么请尝试着在空巢里重新发现彼此。你们终于可以再次关注彼此，重获自由。此时，你们可以想想两人可以一起做的事情，或者像疯狂的小青年一样，在下午大敞着卧室门做爱，然后光着身子在房里随意走动。

当肯娜离开家，我收拾好她的寝室后惊讶地发现，我很快适应了一个人住一栋房子的“新生活”，这比我想象的要容易得多。经历了这么多的变故，我才发现成人以来，我头一次想要享受自己的空间。

生活就是要我们时刻准备好，让孩子飞走。是的，也许有那么些日子，我都会怀念学校那些烦人的活动，怀念房间里喋喋不休的吵闹，怀念孩子吵着要去朋友家留宿的时光，怀念冰箱里满满当当放着孩子爱吃的食物，怀念满满的行程。多数情况下，我还是会享受独处的时光的。

与其将空巢看做是美好生活的结束，我更愿意将其看做美好新生活的开始：从此我有了更多的个人时间。空巢就像是个空的容器，等待着装进很多精彩的新内容。孩子们在我们最自信、明智、健康时离开，有点讽刺，但绝不是巧合。这正是我们女性最强大的时候，一切都没什么可害怕的。我随遇而安，对人生的下一篇章充满期待。而且我知道，不管我的鸟儿飞得多远，她们都会再次飞回来。我的巢不会空置太长时间。

如果你初为人母，可能会很难想象有一天孩子会离开爱巢。但这一天总会来到。时光飞逝，重新发现和创造的时期也会来临。当我步入人生这个“强势复出”阶段，我果敢地说：“就让它来吧！”

当长大的孩子回家小住时

既然要操持整个家，我知道我应该尽自己的责任为孩子做更多事，比如陪她们一起走过童年和中学时期的考验和磨砺，帮助她们完成繁重的学业和应对高中的社交压力。对于我们这些过来人来说，孩子高中毕业后，给我们带来的既有机遇也有挑战。

我们以为空巢的日子会十分难挨，但出乎意料，当我们习惯以后，说不定还能将新生活过得有滋有味呢。我们已经适应了生活的变化，翻过了放手不管的篇章，接下来又快到夏天放假时节了，我们长大成人的孩子要重回家园了。那接下来呢，我认为最好把这段时间作为你和孩子新关系的开始，而且也是孩子人生历程中一段短暂的小插曲。

我女儿大学第一个学期很快过去。期末考试结束后，她回到家里。她衡量了一下，觉得也许与校园环境截然不同的生活会更加适合她。这个决定也意味着她将搬出大学宿舍，暂时回家居住。

从很多方面来说，我当然很开心女儿回家来住。但我又很快意识到，我们都得为重新共处作好准备，毕竟这次重聚对我们刚刚建立的自由空间是一个障碍。

从理查德去世到小女儿上大学，是我成年后第一次完全独自生活，而且我真的已经开始享受这种自由的空间和状态。除了照顾我自己外，其他的事都不必挂心：冰箱即使空着也没关系，我要洗的衣服也不再堆积如山，房子也变整洁了（包括姑娘们空着的卧室）……一切都显得称心如意。二十年操持家务照顾孩子的重任终于完成，我把这些时间视作对自己的犒赏。

为了保护我们双方的独立感，我不得不立刻设定新的规则并颁布实施新的“领地法案”，以便让她知道“家”这个字在她满十八岁后已变得有所不同了。“家”已不再是舒服的避风港湾，日日有老妈伺候的日子也已经一去不复返了。

即使现在女儿从学校回来住在家里，我也已经很清楚地表明态度，我将不再是以前伴随她长大的那个私人保姆和生活管家了。现在，她必须独立完成自己的事，比如预约医生、登记课程、购买日用品、洗衣服洗碗等。她也必须懂得尊重我的家和我的空间，要把自己的物品摆放得干净整洁，如果请朋友过来做客也要提前打招呼，在获得我的允许后才可以。我这儿可不是想进就进的大学“派对屋”。

我也适当调整了对她的期望。我不会过多限制她的自由，她没有宵禁的束缚。但我告诉她，如果晚上不回来的话，一定要提前告知我，我就不用再给她留门了。我们也经常给彼此发短信，但我从不干涉评判她的消遣方式或者跟谁一起。尽管住在同一屋檐下，我们谁也没有某些“特权”。她的学习习惯是她自己的事，正如她自己决定要搬出宿舍住一样。总而言之，我们互相调整到就像是室友一般的关系，但我还是享受做房东的待遇。

我永远都是我的女儿们的妈妈，但生命中的这段时光让我对于责任的感觉悄悄发生了变化。似乎到了我自己享受一点更高特权的时间了，不用再将注意力总是集中在其他人的需要上。

我认为女儿们是时候自己担负起照顾自己生活的责任了，不管是物质上还是精神上。而我则站在局外保持着适当的距离，静静地鼓励和支持着她们。如果我没猜错，这应该也是她们现在真正需要的。**当我们重新界定新的心理边界和期望时，最终会发现与孩子之间已不再仅仅是父母子女的关系，还是他的朋友。**

学会“有选择地操心”

不管是“愿望清单”还是“必备事项清单”，作为妈妈的我们都知道“清单”上所列事项都做完的那一天永远不可能到来。除非半夜有“田螺姑娘”下凡帮你操持家务，否则家里总是有东西可以拾掇。只要孩子还没长大，做家务就如同边下雪边扫雪，持续不断，永无止境。如果为此感到烦恼，那就太不值得了。

幸福始于一种生活态度，就像对自己说：“我把今天能做的事做完，完不成的事就放着，因为还有明天嘛。”所以，当你为没完没了的家务而倍感压力时，不妨暂时把它搁置一边，好好把握与孩子相处的每一个机会。

“压力靠边，快乐优先”这句话，应该成为你的座右铭。妈妈们的生活中总是伴随着诸多压力，假如在每户家庭装个摄像机，我们会发现妈妈们总像消防员一样，到处灭火消灾。但是，将压力降到最小值，把有限的幸福感最大化，才是妈妈真正应该做的事情。

妈妈下午茶

那一刻，原以为重要的事一下子变得不重要了

我的朋友瑞贝卡在她两个孩子三岁和五岁时，被查出得了绝症。她开始接受治疗，生活也瞬间发生了翻天覆地的变化。幸运的是，她活了下来。

瑞贝卡后来回忆道，在她与病魔作斗争期间，她明白了最宝贵的是与孩子共度的时光。她说：“原来一直觉得很重要的那些事儿，比如干好家务活、叠完衣服存放好、等孩子消停了收拾好房间等，都变得不再重要。最重要的是义无反顾地抓起伞走进雨中，陪着孩子们在泥泞的水洼中蹦蹦跳跳地玩耍。我对人生的认知变得更加丰满立体，因为真正明白了，和孩子在一起的每一天、每一个瞬间都很重要。”

“压力靠边，快乐优先”的另一个关键点是，你和孩子对于“什么是小事”要达成共识。这样当小事来临时，就随它去了。你大可不必事事都过问。对于如何打发业余时间，如何向别人展示自己，孩子都各有想法。也许你女儿想穿着芭蕾舞短裙配一双紫色雨靴去逛杂货店，也许你十九岁大的儿子想文身。

曾经有位很睿智的妈妈告诉我一个理念：“要有选择地操心。如果有一天我的孩子想把他的头发染成紫色，我会顺从他的意愿。我有很多事要替他操心，染头发是暂时性的，却能给他适当自主选择的权利。如果在这些小事

上我慢慢放权，那么以后我就可以逐渐对他放手了。而且，如果有一天对某件事他确实处理不当，而我适时出面阻止的话，他可能也会愿意听我的。”

孩子给了我们很多机会，让我们认清什么才是重要的。**重要的事并不必然是最好的事；有时让我们开心的那些事恰恰平凡得让人不屑一顾。**你想用怎样的方式拥抱幸福？蓦然回首时，你渴望记得怎样的场景？是孩子突然扑进你怀抱的温馨瞬间，是客厅里仍显得有些杂乱蓬松的沙发靠垫，还是那天还来不及清扫干净的地板？

如果选择快乐优先，我们就能积聚更多的精力，与家人共享天伦。我们不必非要等到晴天霹雳般的消息来临时才幡然醒悟。任何时候，我们都可以觉醒，然后提醒自己决不能让无聊小事抢占了我们与孩子共处的宝贵时光。

Chapter 4

陪孩子快乐长大

撒谎、考试作弊、抄袭作业、不良社交行为、翘课、喝酒抽烟……总有操不完的心。你要给孩子制定规矩，让他明白你的底线。另一方面，又要允许他犯错。因为犯错也是一种学习的方式。

教孩子把钱花在刀刃上

我们这代人生于物资相对匮乏的二战后婴儿潮时期，特殊的成长经历使我们往往存在一个认识误区——物质富足就是“过得好”。我们总是自觉不自觉地用物质衡量成就感，比如住豪宅、开跑车、奢侈地度假享受、有事没事下馆子大吃一顿。不管什么东西，我们都觉得越大越好。我们赚钱，又毫不犹豫地花钱。高质量的生活就是用钱堆出来的，我们就被这样的理念牵着鼻子走。

除此之外，现今的文化氛围也在引导我们，不应满足于现状，要有更高的追求。但平心而论，这种想法经常让人疲惫不堪。对豪宅和奢华生活的追求让我们喘不过气来，因为不论你拥有多少，周围总有人比你拥有得更多更好。我们渐渐发现，**充裕并不能换来知足。**当这种充裕是建立在债务之上时，情况更是如此；我们总是难以找到满足感。

其实，只要对收支方式作些适当调整，就能为家庭生活创造出新的、更适合的模式。这种模式比物质的富裕更能让我们的孩子获得身心富足的生活。

孩子到达一定年龄后，你应该让他参与家里的经济安排。我认为这点很重要。要让孩子弄清楚“需要”（Need）与“想要”（Want）之间的差别。“需要”指的是生活中必不可少之物，如衣服、食物、住所、电力、暖气等；“想要”指的是我们很喜欢但不一定需要之物，如冰激凌、糖果、iphone、逛街购物等。要优先满足“需要”，并从整个家庭大局出发来考虑“想要”，这样一来，在满足需要之后，你的家庭预算还能适当实现家庭梦想。史蒂芬·柯维（Stephen Covey）在《幸福家庭的7个习惯》(*The 7 Habits of Highly Effective Families*) 中，建议立一份“家庭目标宣言”，这主意不错。因为这能使全家人为创造美好生活而共同努力，也能让孩子明白，只要全家同心，一些梦想是有可能实现的。

这一过程有个不可或缺的部分，那就是将你的孩子纳入其中，让他有参与感，同时也能学到预算和规划等基本财务知识。在你的家庭目标宣言中，不仅应当包括所有家庭必备品，还要说明如何实现这个目标。全家人围坐在一起，共同商定哪些资源可以利用，哪些目标应该优先实现。

例如，你们可以商定在未来一年中，大家每天晚上都要把自己口袋里的硬币放到储蓄罐里，你会发现，这样攒钱很快；你们也可以商定，为了度个大假或给慈善机构捐款以及其他对全家人都有特殊意义的事情而一起存钱。

我们也应该要求孩子详细列出自己的“需要”和“想要”清单。告诉孩子，必须等到鞋子穿不上了或是穿破了，才能买一双新的，而不能仅仅因为个人喜好而随便买新鞋。另外，他必须经过慎重考虑，每学期只挑选一项课外体育活动，而不是用昂贵却毫无意义的消遣活动将课余时间排得满满的。或许，在外头吃比萨的费用也该适当削减，一些甜点可在家里自制。随手关灯、调低暖气、减少有线电视频道等举动，都有利于孩子更好地理解“需要”与“想要”之间的差异。

此外，让孩子自主管理零花钱，也是教他学会理财的最佳途径之一。每周或每月给孩子零花钱时，应同时说明你还需要支付许多生活费用，而类似午饭、零食、看电影、听音乐等费用是希望他自己承担的。这实际上有助于孩子懂得钱不是天上掉下来的，生活就需要作出取舍。

这样，他就能学会合理规划必需品，舍弃负担不起的花销。零花钱不仅能让你有效应对孩子那些恼人的请求，而且也能锻炼他的决策能力。最重要的一点是，不管你采取何种方式让你的孩子了解财务问题，最好让全家人一起参与。

给孩子的指令一定要明确无误

杰西九个月大时，初为父母的我们显得很外行。有一天我很受挫，就打电话给父母诉苦：“我觉得我们完全被她牵着鼻子走了。她现在还不会走路，不会说话呢，我们就已经对她百依百顺了！这情况肯定是有问题的，可我不知道为什么会这样。”

电话那头父母的反应与所有祖辈如出一辙。在笑话了我们一通之后，他们直截了当地说：“小乖乖杰西确实有些无法无天了。你应该当家做主，用实际行动告诉她，底线在哪儿。你才是家里的主人，要给她明确的信号。”

我认真听着，深知他们的话十分在理。于是，我们开始采取适当的控制性措施，明确设立了界限，不紧不慢却坚定不移。我们大约花了三个月的时间来破除她曾经养成的坏习惯。开始的时候，她还大哭大闹，但多数时候她还是乖乖合作了。

不论是应付两岁孩童还是叛逆期的青少年，这个策略都是为人父母制胜的重要法宝，只不过要根据孩子的年龄作些适当调整。比如说，在孩子牙牙学语时，你要设定的规则是一定要坐在高脚凳上吃饭、要吃完正餐后才能吃甜点、晚上八点必须准时睡觉；等孩子上了学，你可以规定孩子周末必须先做完家务活才能出去找朋友玩或者逛街；到了青春期时，你可以规定孩子必须先完成家庭作业，才能打电话，进行适当的社交活动；总之，所有的规定和底线都必须清晰无误。

妈妈下午茶

那一次后，女儿再没晚回家过

杰西上高一时加入了学校拉拉队。队里有好些队员是高年级学生，已经可以开车。那年夏天，她开始搭乘那些年轻人开的车出去，这确实让我和理查德很不放心。我曾不止一次地读到过关于年轻人开车注意力分散的报道，也多次听说年轻人超载或者边开车边发短信而最终酿成悲剧。我们为杰西设定了严格的宵禁，她每晚十二点之前必须回家。每天晚上，我都要等她回家后才能安然睡去。尽管我曾多次向她重申不按时回家的后果，但有一天晚上，她还是比规定时间晚了十五分钟才到家。

杰西进门后，我正坐在饭桌旁等她。见此情景，她问："妈，你怎么起来了？"她能明显感到我的愠怒。我回答道："你看现在都几点了？"她看了看钟，说："比十二点稍晚一些。"我反问道："那你应该什么时间回家？"她不耐烦起来，用青春期孩子常用的口吻回答："拜托，妈妈，我只不过晚了几分钟而已。"

我没有提高嗓门，平静地回答她："你每迟到十五分钟，你的宵禁时间就会提早半小时。所以从现在开始，你的宵禁时间就提前到晚上十一点半。"说完，我就站起来离开客厅回到卧室睡觉。从此她再也没有晚回来过。

给孩子的指令必须清楚，你的底线在哪里也必须很明确。如果你制定的规矩是有道理的，而且能一以贯之，对你的孩子来说这个世界会变得更加安全。不管是对小小孩儿，还是稍大一点的孩子，你说出的"不"必须实实在在地表示"不"。同样道理，"是"就是"是"，没有任何妥协的余地。当你让他明白什么叫"表里如一"、"言行一致"时，你实际上就是在言传身教何为"诚实可靠"，这有助于他成为这样的人。

别理会孩子的抗议（"别人都是这么做的！你是世界上最坏的妈妈！"），孩子自己心里清楚，从情感上、精神上和心态上都没法给自己立下什么规矩，这些规矩只能由你来定。此外，在制定规矩时，一定要事先考虑周全。提前把各项规则说清楚，比事后弥补容易得多，让你的孩子事先知道逾矩的后果，也显得比较公平。

就像“城墙理论”所言，如果你设立的规矩中有漏洞，孩子们就很容易找到攀越藩篱的出口。“模棱两可”只会让你落得无力招架的下场。当所有的规则与预期都交代得清清楚楚，孩子也就明白一旦惹恼了你，他也就毁掉了自己的自由。

在抚养孩子的过程中，**连贯的指令与无私的爱就是一切。你说出的话，必须立即用一个明确的结果来支撑。**尽管我并不喜欢“再来一次”，但我仍愿意相信，给孩子弥补的机会很有必要。我总是让我的孩子们知道还有下一次，我相信她们下次一定能行。但是，请始终牢记，在孩子面前，不但要说话谨慎，还要言出必行。

试试叩击疗法，让孩子睡个好觉

不论是新手妈妈还是经验丰富的妈妈，都常常会讨论关于睡觉的话题，因为很多孩子都会受睡眠问题的困扰。其实，不论大人还是孩子，都会有感到恐惧和焦虑的时候，它是生活的组成部分。几年前，因为女儿患有考试焦虑症，我带她去看医生，医生向我介绍了一种很有效的技巧。她推荐我们试试情绪放松技巧中的“叩击疗法”。这种方法很简单，也十分奏效。按照这个方法，你可以赶走恐惧、担忧和焦虑，最重要的是这种方法也能使你的孩子平静地入眠。

运用这个技巧需要一边听语言指导，一边用两个手指朝某些穴位叩击（在中医中，该技巧被称为“指压疗法”）。这些穴位能促进身体健康，舒缓诸如担心、恐惧、愤怒或内疚等负面情绪。其实在我看来，真正起作用的是叩击过程中带给人的心理安慰和暗示，正是这一点使“叩击疗法”成为有助身心放松、清除不良情绪的妙方。

下面，我想与读者分享一下这个方法是如何奏效的，以我的好朋友艾米的三岁孩子为例。

妈妈下午茶

“让睡眠继续成为我的好朋友”

艾米的小女儿贝拉以前睡眠一直很好，但最近晚上老是喜欢胡思乱想，以至于不敢睡觉。孩子并不知道，她的想法只是自己臆造出来的，那些的可怕场景其实都是他想象出来的。贝拉最近总想着身边有怪物出没，这让她很害怕。她一上床盖上被子，就觉得怪物要来抓她了。经过几个星期的寻医问药，艾米决定试试“叩击疗法”。

到了睡觉时间，贝拉躺下，艾米把手臂轻轻围住她，开始治疗。她一边说些宽慰的话，向贝拉保证今天晚上怪物绝不会来，以后也不会，一边缓慢而有节奏地在她女儿的手腕和锁骨处特定穴位上叩击。贝拉自己也跟着做。“尽管妈妈也害怕怪物，”艾米平静地说道，“尽管妈妈也怕黑，但妈妈知道家里并没藏着怪物，我们大家都很安全。”

艾米继续轻轻叩击，一边温言细语，一边把手挪到别的穴位（大概有九个穴位，其实也无所谓啦），用两个手指按压着，同时在女儿耳边温柔而坚定地说：“今天，我一定能睡个好觉。我知道自己很安全，因为妈妈就一直在我身边。我很愿意让睡眠继续成为我的好朋友。”就在尝试该方法的第一个晚上，艾米离开贝拉的房间后，贝拉没有哭，也没有半夜跑过去钻进爸妈的被窝。

关于孩子的睡眠，还有另一种有效策略可供参考，这个策略对我解决孩子睡眠问题起到了不可估量的作用。在让孩子睡觉时，一定要让他自己入睡。也就是说，孩子必须凭自己的力量入睡。不要等他入睡了，你才安心离去。

在孩子的睡眠问题上，一定要让你的作用减到最小，把他放到床上，不必等他入睡你就可以走了。因为，孩子睡觉前最后记得的事就是他醒来时首先想到的事。如果你等到他睡去才离开，那么他半夜醒来，首先就会想起你在时的情形（比如轻轻摇着他，看着他睡觉），这样他又会要你过来了。如果他一开始就是抱着毯子、毛绒玩具，靠自己慢慢入睡的，他半夜醒来也可以用同样的方法继续入睡，然后做个好梦。

人生总有不如意，这个真相不必瞒着孩子

每个成人都知道，生活并不公平。我们也都明白，学着坦然面对童年时遭遇的挫折，能让孩子更好地面对人生中更大的不幸。小汤姆入选校队失利、小莎莉无缘参演某话剧角色，或者小杰米努力学习但只考了B等，这些坎坷实际上都是人生的宝贵财富。人生就是课堂和训练场。

作为母亲，我们或许无力阻拦孩子经历逆境，但可以抚慰他的心灵，让他知道人生并不能简单地以成败论英雄；而我们在实现目标的过程中表现出来的道德情操、坚忍不拔的意志和不懈的努力，是比成功更重要的东西。

孩子遇到失败或挫折时，你首先要做的是疏导他的情绪。要他学会正视失败，同时安慰他："我明白竭尽全力却得不到理想的结果，你心里一定很难受，就像到了世界末日一样。我像你这么大的时候，成绩不理想、没进校队，也是这么难过。"或者跟他说："只要你尽力了就行，可能就是缺乏点经验。如果以后你更努力一些，你就有经验了，那么下次机会你就能把握住了。"

让孩子明白，没获得荣誉并不代表他在你眼中是个失败者。告诉孩子，你会无条件地、一如既往地爱他。我有个十分睿智的朋友是这么告诉她孩子的："这不过就是个小坎儿。在你的人生中，会有无数这样的坎儿，但只要你努力，它们就会变成无数个惊喜。现在你感到难过是正常的，但要记住，它不代表整个人生。"

我的朋友，作家史蒂夫·马拉伯里曾说过，"有时最混乱的情形恰恰包含着最有价值的信息。"在人生的低谷中孕育着意外的机会，要借助这

些机会帮孩子懂得一些原来一直忽视的道理，并帮助他意识到他有哪些地方是可以加强的，也帮助他发现失去了这个机会还有别的机会存在。

比如，小莎莉可以成为幕后工作人员，学学灯光调试或舞台布置；小杰米可以提高自己的记笔记能力；小汤姆可以加入一支实力不那么强的球队，这样他就有更多的机会上场了。**我们无法阻止孩子遭遇失败，但我们可以搀扶他站起来。**

我们生活的这个苛刻的世界，对每个人要求都很高。顺利度过小挫折，能帮助孩子学着迎接未来更大的挑战。在体育比赛中，这样的经典案例层出不穷。只要孩子参加体育比赛，免不了会输掉一些他特别想赢的比赛。

人生就如赛场，很多时候不管你怎么努力，结果总会不尽如人意。我们不必把这个人生的残酷真相瞒着孩子。相反，这恰恰是个好机会，能让孩子懂得，无需对一些无法控制的结果耿耿于怀，而应该把注意力放到自己的付出与努力上。出现挫折时，指引他放眼长远，或许机会之门就在前方。

帮助孩子远离欺凌事件

如今媒体报道中充斥着各类欺凌事件，每一篇听起来都只是发生在别人身上的悲剧，跟你毫无关系，直到有一天你的孩子也受欺负为止。在八到十六岁之间的孩子中，有百分之二十五坦言自己曾受过欺负，所以“欺负”应该成为每个家庭都关注的话题。

这听起来可能有些令人难以置信，但却与孩子的身心成长密切相关，影响巨大。作为妈妈，你毕竟不可能时刻跟在孩子身边，制止每一个想要欺负他的人，却可以在心理上给他支持和帮助，让他更快成长，远离欺凌。

让孩子了解欺负行为的来源，对他很有好处。要孩子同情刚刚捉弄过他的那个人是有些难度的，但是要让孩子明白那个欺负人的家伙也可能被人欺负过。这种看待问题的方法多少会让被欺负的孩子好受些。研究显示，伤害别人的人通常自己内心也受过巨大的创伤。几乎所有欺负人的孩子本身都曾被父母、家里的哥哥姐姐或同学欺负过。当然，这并不能成为欺凌行为的借口，但却能让孩子认识到，欺凌行为会发生在每个人身上。从一定程度上说，这能让那个“坏蛋”更像人类，而非怪兽。

欺凌行为各式各样，因此，你与孩子应对的方式也要视情况而定。通常，孩子被人欺负是因为他们特殊的长相或者身份。欺凌行为包括被同学在食堂或餐厅戏弄嘲讽、被老师或教练恶语相向或贬低、被队友在球场上欺负以及被网络和社会媒体滋扰。

若是你的儿子或女儿垂头丧气地跑过来找你，极有可能是他被欺负了，而且这绝对不是“小孩子闹着玩”的偶然事件。你首先应该悉心听他诉说情况和感受，然后再作出评估。一位称职的妈妈应该采用以下方法来积极行动，摆平残酷的欺凌事件：

- 报告欺凌事件。向校方寻求帮助，必要时还可以求助当地警方。决不能忍气吞声纵容欺负人的行为，因为这对孩子的情绪影响是很严重的。一桩桩触目惊心的校园悲剧告诉我们，很多受过欺负的孩子，最终拿起枪对准别人，或自行了断。孩子很早就知道当告密者或叛徒不好，这是事实，但站出来伸张正义是更重要的一课。

  站出来，不仅仅是为了指证，更是为了保护自己和其他可能的受害者。其实，这是阻止欺凌行为的最佳途径，也能让那个欺负人的坏蛋获得他需要的帮助。如果小小年纪就开始迷恋暴力、强权，那么长大后就极有可能犯罪。
- 搞清孩子遭到攻击、受到耻辱的原因。肯定地告诉孩子，这并不代表他做错了什么，他不该受到这样的对待。有必要的话，在校外为孩子开拓新的社交机会。
- 保持母子间沟通顺畅，让孩子愿意主动跟你聊天。**只要孩子愿意把自己愤怒、受伤的情绪表达出来，那么他就不会把受害者**

心态藏匿心底。可考虑接受专业咨询，因为专家不仅能针对不同年龄段的孩子创设安全的环境，帮助他释放自己的情绪，还能与孩子通力合作，帮助他改掉那些受到嘲讽的行为习惯，而且也能教孩子如何通过以暴制暴以外的方式捍卫自己的权利。

- 建议学校设立一个同伴咨询和冲突调停项目。积极主动地邀请非营利组织成员到学校办讲座，现场指导那些参与反欺凌课程的父母和孩子们。
- 求助于专业团队。网上有专门维护受害者权益的团队。

对于欺凌行为绝不可等闲视之，因为在欺凌事件中不存在“无辜的旁观者”。面对欺凌，父母和孩子都要果断站出来说一句“不许再欺负人了！”我的孩子，或你的孩子，都不能再这么做了。

当孩子犯错时

我们通常很难把自己与孩子之间真正区分开来。我们在孩子身上倾注了太多的心血，以至于过度关注他的行为以及这些行为可能带来的影响，就好像我们当妈妈是否成功是由他的成败来决定的一样。但孩子都会犯错，他的成长过程就像一部跌宕起伏的犯错史。他可能会干坏事，伤害别的小朋友；他可能会表现不诚实，考试作弊或抄袭作业；他也可能出现不当的社交行为，在社交网站上发布不良信息，还可能会翘课、喝醉酒或交通肇事。

如果这些事不幸发生，我们一定要退一步冷静思考，提醒自己他应该有独立于父母的人生旅程。我们不仅要关注他的成功，还要谨记从错误中学习也是一种成功。

有位好朋友与我分享了一次重要的经历。这是她心中永远的痛，她坦言，要是能重来一次，她一定会作出截然不同的选择。我们是不是也经常说这种后悔的话？

妈妈下午茶

一张不雅照引发的风波

有一天，朋友的女儿哭着从学校回来了。之前，她把自己一张不太雅观的照片发给了她喜欢的一名男生，不料那个男生很快就把它发到了网上。于是，全年级几乎所有的同学都看到了这张照片。她知道后，感到很丢脸也很愤怒，于是就跑去找学校辅导员。辅导员很富有同情心，为人和蔼可亲，很坚定地站在她这边。

但是，我这位朋友的反应却与之大相径庭。她为女儿干出这样的事感到震惊和愤怒，并对她破口大骂，指责女儿做了件极其愚蠢的事，还告诉她要挽回声誉是多么困难。女儿被她骂得又大哭起来，一边冲出房间一边喊："妈妈，你骂得过瘾，停不下来了吧？辅导员都比你待我要好！"我的朋友还不罢休，又回敬道："你要是她的女儿，她就不会那么站着说话不腰疼了！"

我的朋友对女儿很失望。但那天晚上，她冷静下来回顾整件事时，突然意识到其实女儿已经为自己的愚蠢行为付出了代价。事情所造成的尴尬和屈辱已经打击了孩子的心灵，她已经知道自己犯了错，很后悔了，所以就算妈妈再骂她，也于事无补了。

她的责骂非但无法让女儿接受经验教训，反倒使她自尊心受损。这个女孩觉得自己很坏，可实际上她只不过犯了个错。从这件事中，我的朋友也学到了很多：孩子受伤时要多抚慰而不是责怪。要知道如何进退有度，因为她已经接受了教训。

如果有重来一次的机会，我那位朋友一定不会厉声斥责"你怎么能这么做"，她会给予女儿安慰和支持，给青春期的女儿留下足够的疗伤空间。一旦我们过度专注，就免不了会从自我的角度看待孩子的行为，那时说出的话，通常缺乏怜爱之心，反而会给孩子造成更大的伤害。如果能退一步，想想我们犯的错误，就能将心比心，对孩子的错误抱有更多的同情与理解。

让孩子勇敢面对失亲之痛

要与孩子探讨“失去”这个话题，绝非易事，而且会让他心碎。如果你准备与孩子探讨这类重大问题，有一种方法就是，让他明白生活中所有的事情都只是暂时的，物是人非固然痛苦，但它是人生的必经之路。当然，只有当你深信这一点时，才能从容地跟孩子探讨失去、悲痛和不幸之事。

大自然教给我们，事物总会不断改变其样貌。冬天里雨滴飘落，可能会凝成冰化作雪，而雪又会在春天消融，恢复成水的样子。这样的流转循环是自然界的必然规律，生活也是如此。但有时我们为了保护自己和孩子，总会刻意回避人也像自然界的其他生命一样终将走向死亡这个事实。

在养育孩子的过程中，我们绝不能回避或否认死亡。有些国家会让孩子尽早意识到，他自己或者他所爱的人总有一天会死去。研究显示，在这种文化下长大的孩子幸福指数更高。与孩子谈论死亡及死亡的可能性，并非一件变态的事，这是早晚要面对的现实。虽然这不可避免地会引起伤痛，但是让孩子远离死亡的话题，既不能保护他们，也无法让他认识到生活的残酷。

妈妈下午茶

当孩子悲伤时，让他充分表达出来

将丈夫的死讯告诉两个女儿的刹那，可能是我此生最为艰难的时刻。我知道，那时没有什么可以让她们远离丧父之痛。于是，我只好凭直觉，尽量用爱去抚平她们的伤痛。我说：“不管发生什么事，你们都要记住，爸爸很爱你们，你们也很爱爸爸。爱是永恒的。”

起初，我为女儿们创造安全的环境，让她们可以充分表达悲痛之情。我明白，青少年无法一下子承受所有的伤痛，随着时间的推移，她们的悲痛总会时不时一再被触及。

同时，我也知道，让她们消除悲伤的最好方法，就是鼓励她们发泄自己的情绪。而我，作为她们的母亲，此刻虽然也沉浸在悲痛之中，却应该为她们创造这样一个空间，而不是堵住她们的情绪出口。这样做可以帮助她们充分表达自己的忧伤，同时也能更好地痊愈。

失去亲人之痛，并非喷气枪轻轻一喷就能去除的，它会在心灵深处留下深深的烙印。悲伤就像一位朋友，用我们无法接受的方式试图帮助我们渡过难关。它因循自己的时间表，该出现时就出现。有时，我们能做的就是“让悲伤来得更猛烈些”，张开双臂拥抱这股汹涌而来的浪潮，让自己屈从于它，任它把我们从悲伤之事中拯救出来。

每个人表达悲伤的方式不尽相同，从悲伤中走出来的方式也各有不同。这是真的，我以前采取的方式就是鼓励孩子们写日记，在日记本里与她们的爸爸对话，就好像爸爸一直都活着一样。

说到放下，对成年人来说尚且不易，更何况是刚刚懂事的孩子，特别是青少年，因为他的心智还没有完全成熟，调适自己情绪以接受失亲之痛的能力也没有完全形成。

所有年龄段的孩子都相信天使的存在，能感受到天使的爱，尽管没见过天使的庐山真面目，但他们总觉得天使是存在的。这可以成为安慰孩子的办法。我们可以告诉孩子，他至爱的亲人并没有消失，只是已化身为天使。我们还可以告诉孩子，他能够与逝去的人进行更深层次的交流。这可以让他学着相信他看不到但能感知到的东西。

总之，一定要让孩子自然地经历各种悲苦，并且找到健康的方式表达情绪。要尽情表达出来，否则他就会抑郁一生。

大家庭聚餐可以培养孩子的安全感

我们也许还记得《沃尔顿家族》(*The Waltons*)《家族的诞生》(*Family Ties*)以及其他的家庭主题剧，它们都强调浓厚的亲情，其中也有关于我们所处的世界如何变化的思索。尽管人口不断变化，新的家庭结构不断涌现，但浓浓的亲情始终支撑着你我。也许在这个时代，我们的孩子更需要这种来自家庭和社区的坚定信念和支持。**归属感能让孩子们产生安全感。它能让孩子远离帮派和团伙，远离不健康的行为和生活，从而不受伤害。**

你能带给孩子的最好祝福，就是让他们获得一种建立于亲缘关系之上的归属感。随着亲情纽带的不断延伸，家的内涵也日益丰富，甚至可以包括整个大家族：祖父母辈、叔叔阿姨辈以及堂表兄弟姐妹辈。

如果你们经常通过举行派对、全家团圆等方式庆祝特别时刻，并以此来维护和发扬家族传统，那么孩子们就会更了解自己的成长环境和家族传统从而产生归属感。最终，他们也会通过自己的努力为自己的家族增光添彩。

家人多花点时间共处，有助于增强家庭凝聚力。你也可以教导孩子多参加一些由志同道合者组成的社区活动，获得类似的归属感。但无论如何，家庭聚餐始终是无法取代的。我有位朋友，他们家二十五年来一直严格保持这样的传统，即每周一晚上一大家子人，包括阿姨、叔叔、堂表兄弟姐妹、还有爷爷奶奶等聚在一起吃饭。如果孩子长大了，在外地上大学或者小辈们有别的事走不开，可以不出席，其余人员必须到场，而且大家也都愿意参加聚餐。

对我们多数人来说，坐下来一起吃顿饭是保持至今的最古老传统了，而且也是巩固亲情的最佳方式。所以一定要尽可能地找时间和全家人一起吃饭。开饭前，家人可以一起帮忙准备饭菜，收拾和布置餐桌；开饭前，一起感恩地祷告；吃饭时，大家一起有说有笑，分享一下有趣的故事，谈论一下时事。当然，在欢声笑语的同时，也要关切地问问长辈身体如何。

这会使孩子们明白，不管他们过着多么丰富的生活，与朋友有多么精彩的经历，他们仍然属于这个家庭，对它怀有深深的爱，这份爱可以消弭所有的不快。

此外，全家还可以一起远足、野炊，去郊外看看风景，呼吸新鲜空气；也可以试试自驾游，参观国家级名胜古迹，去海边或者国家公园游玩。或者一起露营，搭起篝火烧烤，在繁星点缀的夜色下讲讲故事，也是增强家庭纽带的最好方式之一。也可以在假期、家人生日、周年纪念和其他特殊日子里，多进行这样的活动。家里的仪式和传统越多，家人的关系也就越紧密。

要多与家人在一起。放慢匆匆的脚步，多拜访拜访其他的亲戚朋友，积极参加各种婚礼或葬礼。全家人一同度假，继续发扬代代相传的家族传统。创造美好回忆。**如果孩子们知道自己属于哪里，他们就自然会常回家看看了。**倾听、爱、分享，紧紧相依亲情是永恒的。

环保，从孩子身边开始

我不得不承认，说到“环保”活动，我真的知之甚少。不过，最近我开始密切关注那些我力所能及的事，力图减少自身对地球环境的污染。我认为，每个人都有责任为地球母亲的生生不息作出自己的贡献。我曾与一位朋友，作家雪莉·艾克曼（Sherry Ackerman）探讨过环保的问题，主要是如何过可持续的生活并将其付诸家庭实践中。雪莉在《美好生活》（*The Good Life*）一书中，向读者展示了一种她实践过的“可持续生存方式”。我请她提些建议，以帮助每个家庭都过上“环保”的生活：

- 教孩子循环使用物品。给孩子购买耐用的彩色笔、颜料或贴纸；尽量购买结实的牛皮纸杂物袋，以便去超市购物时循环使用。将有些商场奖励给自带购物袋顾客几分钱奖赏给孩子。让他把这些钱攒起来，试着学习控制储蓄和消费。

◆ 让大一点的孩子帮忙洗碗。言传身教节水知识，把水盆放进水槽，把需要清洗的碗碟放进水盆清洗（当然要加入适量的环保、生物降解洗涤剂），然后把洗碗水小心翼翼地端到外面灌溉植物。告诉他们，这样循环使用可以节省多少水。让孩子树立起这样的意识：水就是下一种“石油”。

◆ 自制环保购物袋。可以在每年冬天举办一场缝纫活动。发给每个孩子几条色彩艳丽的布条，然后一起动手制作买菜的布袋。去杂货店购物时，可把布袋弄湿（特别是夏天），用来装蔬菜。湿布袋可以保持蔬菜新鲜，也减少塑料袋的使用。这个活动教导孩子适度使用和合理处理塑料袋。

◆ 去一次农场或参加社区组织的农作劳动。看看本地食物是如何生产和流通的。向生产人员了解该地区长得最好的蔬菜和水果。不然，孩子怎么知道什么叫“吃本地货”？很多当地农场向大城市供货，他们很欢迎人们参观，特别是孩子。而且，很多农场都养着不少可爱的动物：山羊、牛、马，这些都是孩子喜欢的。

◆ 旧货翻新使用。女孩子都喜欢玩时尚设计，可以带她到当地旧货商店挑选一些商品，然后让她自己设计、“修改”商品。她的创造力和创新精神一定会让你叹为观止。她也一定会对这种活动陶醉不已。

◆ 统一进行垃圾过滤。把垃圾倒在一块防水布上，用橡皮手套仔细翻看，挑选能够循环使用的废弃物。把纸、纸板箱、塑料铝制品和玻璃挑选出来回收利用。把食品细末也挑选出来，可以用作肥料。

这个活动会让你吃惊不已，因为经过过滤之后，真正扔掉的垃圾变得少之又少。可以号召全家人一起干，边干边讨论如何找到新方法以减少浪费，帮助孩子从小养成循环利用生活用品的习惯。

◆ 每周至少举行一次素食晚餐。可以多尝试一些新的蔬菜品种。

从最保险最容易做成功的菜品开始，比如蔬菜比萨、菠菜宽面条。让孩子一起准备饭菜，告诉他多吃处于“食物链下端”的食物能有效保护环境。

◆ 夏天停止使用干衣机。拉一根晾衣绳，再拿一些过时的木制衣夹。在阳光灿烂的日子里，和孩子一起晾衣服。太阳晒干的被单和毛巾上通常带有清新的味道，让她尽情享受吧。

雪莉的祖母留下了一个非常实用的生活诀窍，即在满月的日子里，把白色亚麻衣物挂在外面，过一个晚上，可以借着月光把它们漂白，根本用不着漂白剂。用这个告诉孩子自然的神奇力量。另外，还可以发动全家人一起开动脑筋，想想利用自然的方法，以减少有毒化学品的使用。

孩子看电视、上网、玩游戏，多少才算合适？

我们生活的这个世界，新媒体时刻都在更新换代。孩子们对新事物的接受程度的确令人叹为观止。然而，我们都知道，电视既可以作为一种重要的教育手段，同时也充斥着各种负面内容。听之任之的话，孩子必然会整天沉溺于电视。另外，网络、有线电视（提供了几百个频道，有些纯属成人节目）、电子游戏等，有时带着暴力画面，这就需要我们严格审查，禁止孩子接触不适合他们年龄的内容。

但是，电视、网络、电子游戏都能令人产生短暂的快乐，也容易让孩子上瘾。我们需要谨慎地考虑一下，孩子在这上面花多少时间才算合理。显然，**孩子在看电视或玩游戏上花的时间越长，那么他们从事传统但有创意的户外活动、看书、做家庭作业或者发呆的时间就会越少。**我们都知道，孩子本来就难以集中精力，而这些让其分心的事物本来就是饱受争议的。

所以，父母要想想该如何控制孩子参与这些活动的时间与方式，要适当利用父母的威严来帮助孩子远离花花世界。以下方式可供参考：

◆ 把电脑放在房子的中间，这样你随时都能走过去，看看孩子在干什么。你还可以在电脑上监控孩子浏览的网页。检查电脑浏览器的历史浏览记录。搞清楚孩子在浏览什么网站，这一点很重要。大一点孩子的行为习惯通常很难追踪或监督，因为他有智能手机或笔记本电脑。

查看他电脑上所安装的软件，可以知道他经常访问的网站，但要让他知道你会检查。告诉他你并不想侵犯他的隐私，也不是不信任他们。毕竟，诚实与安全同等重要。

◆ 花时间耐心教导孩子如何安全、合理地利用网络。

◆ 巧妙运用社交网站中的隐私设置和分享设置。

◆ 告诉孩子，网络上各路牛鬼蛇神都有，人人都可能编造谎言，不要轻易相信他人的话。一定要郑重提醒他别把自己的真实姓名、年龄、就读学校、住址等公布到社交网站上。

◆ 告诉孩子，说话要负责任。当面不能说的话，网上也不能乱写，更不能让 Facebook 主页出现令人难堪的视频或文字。因为他未来的老板和大学招生老师很有可能会审查他的Facebook 主页。

◆ 电视是一种影响力很大的媒介，能对观众产生巨大影响——不管是大人还是小孩。电视里播出的形象，往往能重塑社会的价值观。因此，妈妈们要严格筛选电视节目，密切注意电视对孩子的影响。

电视机不要放在孩子的卧室，这样可减少他看电视的时间。父母要对电视节目进行控制。如果你家的电视机带有拦截功能，你就可以通过电视遥控器拦截儿童不宜的节目。你可以仔细阅读说明书，或者打电话给服务商询问如何删掉成人节目。

◆ 买了新的电子游戏机，先玩一下看看有没有不适合孩子的内容。

◆ 立下规矩，孩子什么时候才能上网、看电视或玩游戏。

负责任的父母会巧妙运用自己的控制力，让孩子远离他这个年龄段还无法理解的事物。别忘了，电子游戏和电视剧的制作者在开发产品时，心里都不会考虑孩子的利益。作为称职的妈妈，你一定要行使自己的权力，让孩子远离不良影响。也许现在，孩子会很反感你立下的各种规矩限制，但在将来，他一定会感谢你的。

别让孩子被繁重的家庭作业所累

在抚养孩子的过程中，我和理查德最受挫的一点是，对孩子的教育该何去何从感到迷茫。我们希望孩子学业有成，所以总是备感压力。孩子生活在“一切以考试为中心”的教育体制中，每天被各种各样的学业负担压得喘不过气来，除了家庭作业，还有一系列的业余活动，包括文学、运动、艺术、社区服务等，像一张长得没有尽头的清单。结果导致孩子们都负荷过重，劳累过度。另一方面，这个社会里学术欺骗和江郎才尽的悲剧，我们早已司空见惯，也不希望它发生在自己的孩子身上。

我发现，各行各业都出现过创新型人物。他们情商极高，更是解决实际问题的高手。但目前的教育体制并不鼓励这些品质：创新、解决问题的技巧、内在动力等。而这些恰恰是孩子长大后获得成功必须的品质。

不幸的是，我们的教育体制并没有真正做到素质教育。现在的教育就是机械地学习，然后参加考试，抹杀了孩子的个性，榨干了孩子身上仅存的那点激情。现在的孩子就像熄火的焦炭一样，毫无生机。

这种蔓延在教育系统中的随大流风气并不利于孩子的身心健康，而妈妈们对孩子的担忧也日益增长。是时候摆脱从众心理，不再随波逐流了！

如果你感到孩子负担过重、压力过大，那就需要鼓足勇气，立即行动了。你可以通过适当的方法，改变孩子的现状：

◆ 和学校行政部门交谈，要求设立精神健康论坛和讨论会，让父母参与，明白青少年高压力状态的各种表现症状。

- 与孩子的老师建立良好关系，这样就可以和他们交流处理压力的问题。
- 执行家庭作业减负计划：每门科目减半个小时（英语、数学、科学和社会研究）。你要亲自告诉孩子，过量的作业就不要做了。
- 鼓励孩子尽最大努力深入理解学校教材，并鼓励他享受学习的过程。
- 家庭聚餐时间优先。
- 鼓励学习后的运动和玩耍时间。
- 确保孩子一周中有一天从作业中解放出来（周六或周日）。
- 如果孩子需要缓解压力，允许偶尔在家享受“精神健康”日的假期。
- 鼓励他畅所欲言。
- 不吹嘘考试成绩，将成功内化，降低失败的损害效应。
- 通过丰富的外部资源发展孩子的天分。
- 如果孩子压力过大，把问题反映给学校顾问项目，并寻求行政帮助。

我鼓励你说出来！越多的父母挺身而出，摆脱从众心理，孩子们的境况就越有机会获得改变。平衡将得以回归，我们的孩子也就能够享受健康，热爱学习。

帮孩子树立安全意识

我不知道是这个世界不如以往安全，还是我们更加具有忧患意识，总之每位妈妈都想确保自己孩子的绝对安全，使他远离伤害。这就衍生出一个颇具挑战性的课题：如何教导孩子注意安全，同时又避免草木皆兵？我觉得，身为妈妈应该让孩子懂得恰当的社交行为与性行为的底线在哪里，让他学会利用权利保护自己的人身安全。

实现这个目标的一种方法是，告诉你的孩子，来自他人的何种行为是合理的，即什么是“良性接触”，什么是“恶性接触”。通常，我们会教导孩子不要和陌生人说话，但我们也知道，有时候最危险的人恰恰是我们曾经最信任的人。所以，我们与较小的孩子谈及此事时，就要更加考虑周全，要小心翼翼地告诉他，托儿所的阿姨、保姆、老师、体育教练、其他孩子、牧师和家族的其他成员一般都不会恶意伤害他。这类开诚布公的谈话要尽早进行。

妈妈下午茶

“妈妈告诉过我，私密处别人不能碰”

我大女儿杰西三岁时，我们带她去医生那儿做常规检查。儿科医生边翻看体检表，边伸手想把她的短裤脱下来。还没等他把裤子扒到膝盖处，杰西就拽开他的手，提起了自己的裤子，并坚决地说：“不，不要！”医生愣愣地看着我，他不明白为什么我女儿会有这么激烈的反应。

我向医生解释说，我和她爸爸曾经告诉她，私密处只有她自己才能看，才能碰。之后我又再三向杰西解释，有妈妈在这儿不用怕，医生只是想检查下她各方面发育是否正常。可一切都无济于事，杰西依然拒绝接受检查，严格奉行我原先的教诲：身体是她自己的，别人不能侵犯她的隐私。

于是，我决定尊重她的意见。事实上，我为她的坚持感到自豪，年幼的她已经能深刻理解并捍卫自己的权利了。

这个世界让许多孩子失去了本该拥有的纯真天性，让我们做父母的不得不教孩子学会自我保护。这一点让人深恶痛绝，但又责无旁贷。要确保孩子安全，我们就该教育孩子要勇敢说出真相，不管这个真相是什么。很多情况下，孩子受欺负后，还会被那个作恶者吓得不敢说出来，因为不确定说出真相后会产生什么后果。让孩子知道，如果他受欺负了，受到不公正对待了，就可以向你求助，这是至关重要的事。

必须让他明白，把真相告诉妈妈是安全的，你并不会遭到任何不测，他也不会。作为妈妈，你必须确保你的孩子能够在需要时毫不犹豫地向你求助，而且让他知道任何时候向你求助任何事，都不会导致危险的后果。

开辟一段特别的“亲子时间”

当我们把刚出生的小女儿肯娜从医院接回家时，老大杰西很快就发现，她想象中当姐姐的滋味和现实差太远了。

我和理查德认真讨论了一下，觉得仍然要专门留出一些时间，让杰西与我们单独相处。尤其是现在，我的主要精力都用来照顾肯娜，专门为杰西开辟一段“亲子时间”就显得更为重要。这好比一种“心理缓冲”，能帮助她更好地实现从独女到姐姐的角色转换。

在使用这种“缓冲”工具时，必须强调这段“亲子时间”是独一无二的，是你与其他家庭成员，特别是那位新降临的弟弟或妹妹不曾拥有的。至少每天抽出十分钟时间与老大独处，就算时间很短，也会显示出神奇的力量。告诉老大，你很享受与他独处的这段时光。这不但可以增进你们之间的感情，也让他获得安全感，感受到你对他的特别关爱。

让这样的特别时光成为常态，不要轻易改变。另一方面，对于你来说，与孩子独处正好可以让你从家庭琐事中摆脱出来（说实话，大多数家事都是很烦的），感受一下只需面对一个孩子的轻松美妙，这正好也为做妈妈的你增添点乐趣。

对上班族妈妈来说，繁忙的工作让她们无暇与孩子相处，那么下班后的这段时间，既是对一天紧张工作的放松，也是一个和孩子相处的好机会。在这段时间，可以和孩子做些中等强度的游戏或运动，比如开飞机、踢球、拍皮球等，既增强了亲子关系，又让自己得到了放松，缓解了压力。

妈妈下午茶

“妈妈，我只想跟你多待一会儿”

有时候，孩子们需要的仅仅是我们多一点点的关注，只是他们不知道该如何用语言表达。我的一位女性朋友凯与我分享了她最近的苦恼，她那九岁的儿子不喜欢独自做作业，总想让妈妈坐在身边陪着他一起做。当她在厨房里忙得不亦乐乎时，儿子总是时不时跑过来，故意问她一些其实他自己就能解决的问题。她很郁闷，甚至大为光火。

小家伙终于忍不住了，大声说：“你老是在忙。我都看不到你。我不过就是想跟你多待一会儿。”她终于明白，儿子需要的仅仅是妈妈对他的关注。她改变了口吻：“不如我先回答你这些问题，你赶紧做完作业，然后我们玩个游戏或者一起做饭，怎么样？”

随着孩子越来越大，你陪伴他的时间自然会越来越少。所以，时不时安排一次特别的出游、共度周末或者假期，能有效增进亲子感情，同时培养他的自尊。当你与孩子单独相处时，你可以全神贯注于这个孩子的兴趣点，当然你们也可以分享彼此都感兴趣的话题。我有位朋友的父母生活在别的州，她每隔一段时间都会去看望他们，每次都会带一位孩子一块儿去。这段漫长的旅途就成了最佳的亲子谈心时间。当然，给每个孩子单独看望外祖父母的机会，也加深了祖孙情。

或许，我有大量的时间与全家人共享天伦，但同时也珍惜那样的时刻：偶尔叫上其中一个女儿出去吃冰激凌，或者带她逛街，为准备学校的舞蹈演出精心挑选新鞋子，又或者带她去公园玩一天。对每位家人个体的关爱缔造了亲情。家人之间彼此的爱为整个家庭的爱添砖加瓦，也成为全家人共同的美好记忆。

珍惜你在孩子心中的“信用记录”

这一节本来是写给职业妈妈的，但我很快发现这是所有妈妈都该考虑的问题。在处理问题时不轻易许诺，降低孩子预期，从而时不时地收获惊喜。实际上，这是一个绝佳的人生策略，不是吗？它能让我们在孩子心中的形象比预想中的更高大，这种感觉实在很棒。

每个人都拥有自己的“信用基金”，它是由人们平时说话的含金量一点点积攒起来的。要建立信用，我们必须言出必行、言行一致。**如果无法履行诺言，就不要轻易许下诺言。**尽管孩子有时会无条件地原谅你，但如果在其人生的重要时刻里你总是爽约，并且为此寻找各种各样的借口的话，他就会渐渐对你失望，并且最终不再相信你所说的话。

“我知道我本来说过要去的，但今天实在没时间去看你的篮球 / 网球 / 歌舞比赛，因为我要开会 / 要带妹妹去看医生 / 有件很重要的事情要处理。但是，我保证下次我一定……”违背了誓言还这样一直为自己辩驳，实在很不明智。这样反复几次之后，你的孩子就会把你的话理解成：“你不能相信我，你对我来说并没有那么重要，我对你不屑一顾，你也不值得我花时间去关注。”

职业妈妈必须面对这样一个事实：一星期至少有四十个小时是无法自己做主的。不管用何种方式、在哪里度过一天，我们都无法同时出现在两个以上的地方。如果你有好几个孩子，那就意味着你要与他们每个人分别做某件事。这种时间安排有时会让你很受挫，甚至有时还会让你急得想哭，因为你明知道某些事必须做却分身乏术。然而，你可以通过创新手段巧妙地解决这一困扰。

比如，你可能无法参加女儿三年级的升级典礼了，但你可以烘烤纸杯蛋糕为她梦寐以求的假日派对尽一份力；你无法亲临每个孩子的比赛现场，但可以平均分配自己的时间，比如看其中一个孩子的上半场比赛，然后跑过去看另一个孩子的下半场比赛。

如果丈夫也在家的话，你们可以约定其中一人去观看孩子的比赛，然后偶然双双出现在赛场，给孩子一个意外惊喜，他肯定会特别开心；如果你有同伴或者司机每天接你的孩子放学，你可以时不时地亲自去接他，给他一些惊喜。另外，排个日程表也是不错的主意。你排出日程表之后，可与孩子一起看，把那些你能到场的时间特别指出来："我不能陪你参加科学课的实地考察活动，但你在篮球赛或歌舞比赛时我会去替你加油的"。

不要总拘泥于日历上所标注的重要日子。只要你愿意，任何一天都可以是特别的。在孩子的书包或作业本里偷偷塞入写满鼓励和爱意的纸条；如果他有手机，发一段可爱的视频或语音消息给他。请记住，你可以让每一天都变得很特别，只要多花些小心思就行了。

抚养几个孩子，要参加许多活动，道理也是同样的。您无法做到亲临每个孩子的比赛现场，但可以平均分配自己的空余时间。您可以看其中一个孩子的上半场比赛，然后跑过去看另一个孩子的下半场比赛。

一定要重视你能参加的那些活动，要百分之百地确保你能出席。如果你不轻易许诺，那么每个人都不会失望，更重要的是，你建立了信任。实际上，你是用行动无声地给孩子传达了这样的信息："我爱你，只要我答应你会来，我就一定会到场。"

就这么坐着一起无聊会儿吧

有时，孩子会用一种特殊的方式考验我们的耐性：一边将自己"扑通"一下甩到沙发上，一边抱怨着"妈妈！我好无聊！"如果你跟我一样的话，可能会用十分嫉妒的口吻回敬道："要是我也能像你这么无聊，就太幸福了！"因为妈妈们总是有太多事情需要操心，难得有闲的时候。听到孩子这样抱怨，如果你马上慌了手脚，觉得他没有玩好，或者是不是出了什么问题，我认为大可不必。无聊并不总是一件坏事，不过是代表他当下没什么事情可做。有时，就该把孩子晾在一边，无聊一会儿。

妈妈下午茶

我一生中唯一的一次无聊时光

刚生下杰西不久，我去医生那儿作第一次产后检查，把宝宝留在家里让她爸爸看着。我到现在都记得，自己是多么享受那宝贵的独处时光。

自从一个月前生下孩子，我根本没有过自己独处的时间。要放在以前，我一定对长时间无所事事的等待感到不耐烦了。但在当时，我却很享受这样的时光，哪怕什么也不干。

我在候诊室等了将近半个小时，只是坐着，甚至没有随手翻阅杂志。因为我告诉自己，以后恐怕再也没机会这么“无聊”了。你知道么？二十二年过去了，我可以诚实地告诉你，我真的从此再也没有无聊过。

你听三岁孩童抱怨过无聊吗？这么小的孩子，根本不会无聊。他们总是沉浸在探求未知新世界的好奇中，不会无聊。只有当他日益长大，才会有这样的意识。我觉得，这都是我们每天把自己忙碌的生活模式强加给他的结果。就像我们安排自己每天的生活一样，我们也把孩子的时间都安排得满满当当的。

当孩子抱怨他没事可做时，其实是因为习惯了马不停蹄的生活。不过另一方面，他却缺乏参与感。正像大人们一样，他也会为下一件更好更刺激的事感到兴奋，但生活中不可能每天都发生这样的事情。理查德曾经说过，我们已经快要成为“疲于奔命的人”了，应该给自己一些机会，学着消停下来。

下次孩子再抱怨无事可做时，请记住这不是一个真正需要解决的问题。这其实是个让他学会享受闲暇时光的好机会。让他泰然自若地静候即将到来的一切，不要再建议他做若干事情打发这难得的休闲时光。这正是培养他创造力和反省能力的最佳契机。平日里难有这样的机会让他学会享受这种寂寥的时光。

尽管我好像没听过有哪位妈妈说过她很无聊，但我也诚挚建议妈妈们能找点时间，让自己消停一会儿。请微笑着对孩子说："妈妈有个好主意。让我们就这么坐着，一起无聊吧。"

孩子是妈妈的一面镜子

如果把照料家庭的日常生活拍成视频，我们观看后肯定会惊呼："我怎么可能做得了那么多事！"但事实的确如此。你比谁都清楚，做妈妈的生活会与之前的截然不同。为整个家庭操持，会让我们的生活丰富而充实。这是那些"一人吃饱全家不饿"的单身人士无法体会到的。有人说，**做妈妈是一场灵魂之旅，因为我们教育孩子的同时，孩子也教会我们好多事。**

孩子会直言不讳地说出真相，会天真地指出我们的错误和缺点，即所谓"童言无忌"。我有位朋友把他儿子戏称为"检察官"。如果她忘了去健身，或者工作太辛苦了，儿子都会坦率地告诉她。有时候，她会看着儿子，心想：你算老几呀？别管我，当你的小屁孩去！被自己的孩子数落，是很没面子的事。不过也不得不承认，孩子有时会给我们提供必需的、恰到好处的、诚实的反馈。

从精神层面说，我们与孩子之间的关系具有"反射"性质。妈妈与孩子的互动就像一面放大镜一样，照出了我们所有的优点与缺点。我们总是抱怨孩子常常会惹怒我们，但我们并没有真正理解隐藏在耐心与异议背后的本质。

比如，当我说出一些让孩子觉得不舒服的话时，她们知道如何打断我。因为我在讲一些重要事情时，往往显得啰嗦。每当出现这种情况时，女儿们就会抛出一个"雷区"话题来转移我们之间的谈话。妈妈们都知道，跟一个知根知底的人吵架是件很困难，也很痛心的事。我有个雷区，就是孩子们厉声指责我："妈妈，你说话不算话。"

老实说，这确实击中了我的雷区。我很难接受，就像我很难接受孩子们不尊重我一样。如果孩子对我无礼，我就会勃然大怒，像炸药一样突然爆炸。当她们质疑我的信用时，我也会作出同样的反应。我重视信用高于一切，内心仿佛一直住着个评判家在鞭策着我。所以，我的孩子都掌握了我这个“死穴”。CNN 有一条准则叫做“诚实报道”。孩子们做的就是这样的事，他们总会把我们不愿意摆在台面上的事揭露出来。

如果能把孩子看成自己的老师，就会推动你个人的成长。要为自己对待生活的方式负起责任，最归根结底的方法就是问问自己，为什么那些事会成为你的死穴或雷区。或者换句话说，雷区会告诉你哪些地方需要注意。

我在为人之母的过程中学到的最重要一课是谦逊。孩子们常常会对你的缺点直言不讳，让你下不来台，但这并不重要。虽然养育孩子，给他们灌输成长的智慧是我们的社会责任，但我们也要抓住机会，向孩子学习。当他指出我们的不足时，要学会自我反思。

做孩子最优雅的观众

如果你的孩子参加运动队，你就会知道训练和比赛真的会占去你们很大一部分时间。我的孩子喜欢踢足球，我要花很多时间坐在足球场边看她们比赛。通常，我喜欢比赛的热烈和刺激。特别是看女孩子之间比赛，很佩服她们的专注力及旺盛的精力。但有时，我也会像其他父母一样，在场外尖叫怒吼。

有一天，我曾亲眼目睹对方球队的一些父母对裁判口出秽言。而他们的孩子正在赛场上全力以赴地比赛。我突然为那些父母们感到羞耻。我紧接着的念头是：天哪！我也跟他们一样！我飞快地在脑海中回想了一下，以前我的确在女儿比赛时过分投入了。我突然也为自己感到有些不好意思。从那以后，我从那个大喊大叫的足球妈妈变成了一个默默支持、静坐加油的优雅观众。

其实，球队本身已经像一个家了。朝夕相处的集体生活使孩子们更加融洽和团结。然而，有时我们希望孩子赢的情绪和愿望占据了我们的心灵。这时，我们不仅违背了良好的体育精神，还抑制而非促进了孩子的成长。

妈妈下午茶

女儿踢球，爸爸是观众还是教练？

有一位父亲，他的场外表现经常处于失控状态。每个赛季我们都会碰到这个家庭，因为他的女儿是足球队一名优秀的守门员。守门员所处的位置是球赛中压力最大的位置，一次扑救球的成功与否经常关系到整个球队的命运。

有一天，这位父亲对女儿球场表现的批评比以往任何时候都要严厉，不断抱怨她态度懒散，没有认真对待比赛。当时的比赛已是当天锦标赛的第三场比赛了，我们都忍受着加州首府萨克拉门托(Sacramento)三十五摄氏度的高温。作为观众我都快忍受不了了，很难想象在这样的条件下，孩子们如何能够继续坚持比赛。即使这样，那位父亲还是继续不停地叫嚷抱怨。我厌恶地看着这个人挥舞着胳膊大喊大叫。

不幸的是，他的女儿清楚地听到了父亲的每一次奚落辱骂，这让她倍感压力、恼怒烦乱。因此，她在球场上的表现也随着父亲的每一次怒吼而愈发糟糕。最后，那位父亲被要求离开场地。他的女儿当时才多大呢？十二岁。

在他被赶出观众席之前，我走到他面前，话中带刺地问道："你以前在高中里当过运动员吗？"他摇摇头说："嘿，没有啊，我玩的比这个酷多了。我曾经是一名摇滚青年。我只经历过半个赛季就离开赛场了，因为那种压力让我喘不过气来。"

下次你再去看孩子比赛的时候（比如乐队彩排、舞蹈队比赛、科技节等），一定要记住，我们的真正目的是最大限度地激发孩子的潜能并给他一个施展才能的机会。他需要我们在赛场上给予他支持，但这不并意味着要做一个过分热情的观众。做一个热情的观众是件很不错的事，但有时你克制住情绪，静静坐在那里观看，本身就是对孩子最好的支持。

希望孩子成为什么人，你首先要做那样的人

在婴儿潮时期，很多父母们都会戏谑地说："不要学我样，按我说的做。"可实情是，孩子们绝不会照你说的做。孩子十岁前，你和另一半（以及家里最初照顾孩子的人）都是对孩子影响最大的人。他观察、模仿你们的言行举止，几乎从不错过任何一个细节，这就是你必须要以身作则、树立表率的原因。

妈妈下午茶

只许自己骂娘，不许孩子说脏话？

我真的很佩服我的伊朗朋友养育孩子的方式。有时候，在我眼里他们显得过于神经质，因为他们的教育方法太过一板一眼。但他们非常了不起，培养出来的孩子彬彬有礼、言谈得体、乐观开朗。

我问孩子的妈妈是怎样做到这点的，她说必须要为孩子树立好榜样。"你不能一边自己说着下流话，一边又严厉谴责孩子说脏话。你必须清楚自己的价值观，然后以实际行动去捍卫它。"她认真地说道。比如，如果你希望孩子诚实、正直、勤奋，那你自己必须要具备这些品质。如果你希望孩子喜爱读书，那就要让他看到你享受阅读的乐趣。

你是否在有些方面做到适度克制了呢？比如烟酒（别介意，年龄不到的孩子是禁止烟酒的），如果你希望孩子不抽烟，那你自己也不能抽；如果你适量喝酒，就要确保孩子看到你只是适量喝酒。要知道，孩子不喜欢虚伪。而且，他还不够理智，不会像成人那样约束自己。大多数青少年都会犯错误或误入歧途，这时你就要提醒他悬崖勒马。但前提是让他了解你的价值观，并且让他知道你在日常生活中一直以身作则地践行自己的价值观。这样，他才会听从你的教诲。

Chapter 5

分清“妈妈”和“朋友”的角色

你可能很想做青春期孩子的朋友，但他更需要一个妈妈来帮他重塑行为。所以，妈妈是你更重要的角色。你要在青春期来临前，与他坦率地谈性；还要保证他在派对上玩得安全又尽兴。这些只有妈妈能做到，朋友则不能。

“孩子，那儿不安全，不许去”

对孩子来说，进入中学确实是个重大转变。他会接触到各种各样的事物，他的世界会发生天翻地覆的变化，而且他也不会像以前那么天真无知了。孩子们迪士尼般的梦幻童年刹那间褪去，变得黯然。最重要的是，同龄人对孩子的影响可能比妈妈带给孩子的影响更大。他会面临各种压力。

不管我们喜不喜欢，青春期孩子的生活环境可能充满着毒品、色情、暴力和青春期的闹剧。随着孩子进入高中，很多之前我们谈之色变的事情就成了家常便饭。孩子生活在比我们更广阔、更全球化的世界中，光是Facebook社交网站和个人电脑都足以让他陷入各种各样的困境。可以说，没有一件事比为人父母更难、更费心的了。

有时候，危险就潜伏在孩子的身边，所以我们要了解孩子的朋友、甚至那些朋友的父母，还要了解孩子平常会见到的人，包括他们的教练、老师、家教、牧师，甚至还有商店店员。我们无法保证别人与我们有共同的价值观，所以必须亲力亲为搞清楚一切，了解孩子可能接触的各类人。如果孩子跑过来告诉我们，他要去玩或者在外留宿，我们一定要坦然面对。问问自己，我可以对此放心吗？

如果不放心，就果断地阻止他，对他说：”孩子，那儿不安全，不要去！”哪怕他为止闹情绪，哪怕他认为你是个不近人情的妈妈。要知道，这些都是小事，他的安全才是大事。

妈妈下午茶

进中学第一天，女儿的同学竟要给她毒品！

杰西和肯娜所在的小学很安全，学生的父母都彼此熟悉，都很有爱心、很细心，相互信任。但上中学时，另外四所小学的毕业生也合并进来。这让我们很烦恼，因为之前孩子所处的环境是如此单纯。但同时，我们也明白，是时候让杰西融入一个更大的集体了，就像她终有一天要进入现实世界寻找自己的坐标。

入学第一个月，杰西告诉我一些同学的事，我被震惊了。有的同学给她毒品，并且怂恿她向别的同学购买。有的同学已经开始早恋。震惊之余，我有些伤感，因为这意味着杰西纯真的童年时代就此结束了。这让我想起，杰西幼儿园毕业刚上一年级时问我的那个问题："妈妈，我的玩具都去哪儿了？"

随着时间的流逝，杰西身边的朋友除了小学同学，还有别的女生。我逐渐意识到，她生活的环境已不再是原来那个受我们保护的"安全园"了，于是我努力认识别的孩子的妈妈，与她们建立起良好的关系。我开诚布公地向她们表达我的看法，也仔细询问和倾听她们的想法。

通过聊天，我问她们家里有几个孩子，都多大岁数；问她们与丈夫之间的关系怎么样，家人共处时一般干些什么。如果是单身妈妈，我会问她是否有男朋友。我们的对话绝不是互相审问，我们总是很友好、很自然地聊天，希望能更好地了解彼此，因为我们的孩子已经成了朋友。

但我也发现，并不是所有的妈妈想法都相同。比如，有一次我与一位妈妈聊天，她提到自己的丈夫很喜欢周末去打猎。因为杰西常常放学后去她家玩，所以我就想趁机弄清楚，他们的猎枪是不是锁起来，放在了安全的地方。

我也发现，有些妈妈希望成为孩子心目中的“酷”妈妈，而不是个精明难缠的妈妈。所以，当杰西说她要去谁家参加派对时，我就会打电话给那家的妈妈，确定是否有大人参加那个派对。不过有一次，我忘了问一个当时觉得没必要问的问题。当时，杰西受邀去一位朋友家留宿。我打电话问了一下是否有大人看管，但没有问对方是否也留宿了男孩子。那位妈妈向我隐瞒了这个信息，杰西正好也忘了告诉我这一点。从那以后，每次提问我都问得很具体。

如果你碰到一些令你不快的情况，如果你得到的答案不太满意，如果你觉得其他孩子的父母的想法跟你相悖或者你无法认同他们的管教方式，如果你觉得自己的孩子有可能处于不良环境中，孩子的价值观可能受到影响，安全受到威胁，那么请果断地说“不”。相信自己的直觉。

很多情况下，我都会说“不，你们不能去那儿。”女儿们自然不喜欢被禁止，但她们理解妈妈的苦衷。我从来不会故意阻止她们。我会这么说：“对不起，妈妈相信你们，但妈妈不想让你们处于危险的境地；妈妈不放心那种情况。”

帮助孩子顺利走过人生的十字路口

很多父母讲述青春期孩子如电影《变身怪医》（*Jekyll and Hyde*）般的叛逆故事时，仿佛都有说不完的话。一旦进入青春期，原来乐观开朗的孩子刹那间变得郁郁寡欢，原来各方面表现优异的孩子突然成绩一落千丈。这无疑是段令人担忧的时期。

孩子们进入青春期后，荷尔蒙会发生变化，行为也变得特立独行。虽然并不是每个孩子都会碰到特别严重的问题，但妈妈一定要密切关注孩子在情感方面的细微变化，以防他发生自毁行为。如果孩子已经表现出怪异的行为，你一定要作好应对的准备，用你那“理智的爱”将他唤回正轨。

我们都听过“严苛的爱”这个说法。在我看来，它主要是指“棒下出孝子”，即当孩子做错事时，父母出于爱而惩罚他。而“理智的爱”则与之有所不同。这是一种更为深厚的母爱，通常不会采用强硬的手段对待孩子。每位妈妈都有这样的心声：“我愿意为孩子做任何事情”“如果可以，我多么希望现在躺在床上受病痛折磨的人是我”。在大自然中，母马会紧追着猛咬小马，来纠正小马的错误行为，给它定下规矩；母鲸为了保护自己的孩子而袭击大鲨鱼。谁是妈妈，谁在控制局面，一目了然。

有些父母没有给孩子立下必要的规矩，结果孩子变得任性妄为。有时，孩子站在人生的十字路口，稍有不慎就会陷入危险的境地。我们在此探讨的，不是那些沉溺于上网之类的小事，而是吸毒、明目张胆的欺骗、逃课、堕落等对孩子的人生有致命影响的大事。

当孩子还小时，如果光靠自己的能力，他是无法对一些重大的事作出正确的判断与选择的。这种情况下，只有妈妈能帮助他，不让情况变糟；妈妈必须介入，以改变他的人生轨迹。

乖孩子学坏是一件令人揪心的事。我的一个朋友就碰到了这种状况。

妈妈下午茶

父亲去世后，他从乖孩子变成了坏孩子

朋友的丈夫死于车祸，当时她的儿子亚历克斯才十六岁。亚历克斯一直是个品学兼优的孩子，体育良好，成绩优异。但自从爸爸去世后，他开始与一帮不良少年混在一起。很快，他就跟这帮“新朋友”干起了坏事。从此，他的成绩一落千丈，上课也经常迟到，有时甚至逃学。

一天下午，朋友接到一个电话：亚历克斯因为入店行窃被拘留了。这突如其来的消息像晴天霹雳。尽管我的朋友还未从丧夫的伤痛中完全走出来，她还是给予儿子理智的母爱。她明白，亚历克斯

在这个人生的转折点需要她的指导与点拨，将他拉回正道。

值得庆幸的是，朋友找到一个青少年拓展训练项目，可以让亚历克斯整个暑假都参加。也许，儿子会错失踢足球、打篮球的机会，但这能帮助他远离他那群“朋友”，学到宝贵的东西。

老实说，我们很难知道，什么样的抉择可以改变孩子的命运。有时，光有爱并不能解决一切。理智的爱需要有坚定的决心去改变那些对孩子造成不良影响的环境；有时，要像亚历克斯的妈妈一样，为孩子寻求专业人士的帮助。

这就意味着，在必要时妈妈要作出牺牲，哪怕是自己掉到隆隆行驶的火车下，也要把孩子救出来。如果发现自己无法帮助孩子，那就要向他人寻求帮助，这显然也需要强烈的勇气和爱。因为承认自己无法凭个人力量帮助孩子是件很为难的事，但其实每个人都有需要别人帮助的时候。

我们都知道青春期的孩子不会让我们过得轻松，他自己也过得不轻松。当然，孩子碰到的问题也不一定都那么严重。毕竟，他经历的也不过是当年你处于那个年龄段时经历的那些事。

但是，终究不存在什么万能方法可以解决青春期孩子面临的所有问题。情况总是各有各的不同。关键是一旦出现征兆，妈妈们必须及早介入，作好行动计划，让情况变得好一些。生命在于过程，而不在于结果。需要时，就拿出理智的爱，帮助孩子走过成长的十字路口。

在青春期来临前与孩子谈性

这是一个很多父母都惧怕谈论的话题，因为谈论“性”这个话题可能会让人有些不舒服。事实上，我们不愿意想象自己的孩子做爱的画面，也不愿意孩子反过来想象我们做爱的画面。

然而，我们不得不承认，性是人类固有的本能。尽管我们希望自己的孩子永远都保持天真纯洁，但他总会时不时接收到周围世界大量的关于性的信息。他的同龄人或许已有相关经验。而且不管我们喜不喜欢，愿不愿意，他一定没少想这方面的事情。考虑到社会现实和孩子的身体发育，进行这方面的讨论还是必要的。

如果事先做些铺垫，谈论性话题会相对容易些。比如，在孩子还小的时候，你可以简单地提到一些以后可能会遇到的问题。说到“阴茎”或“阴道”这些词时，也别过于敏感，要逐渐向孩子解释男人和女人在身体上的差别。孩子很早就会自然而然对性器官产生好奇，我们有必要了解这一点。

在触摸自己身体时，他可能会觉得很舒服。这时，我们要告诉他，在洗澡淋浴时或私底下触摸自己的身体是完全没有问题的。由于你的早期教育已经创造了一个良好的氛围，所以可以避免尴尬难堪、羞于启齿的心理。这样，今后进行更深入的性教育时，会相对容易一些。

在孩子进入青春期前，是与他正式进行一次关于性的谈话的最佳时机。如今，女孩来月经的年龄都提早了很多。

不管是儿子还是女儿，最好还是先咨询他 / 她的儿科医生，以便找到一个合适的时机开始这方面的谈话。如果是女儿，你可以提前与她的医生沟通，预测她初潮的时间，然后就可以寻找机会告诉女儿这是怎么回事，应该怎么做，如果当时正好在外面或者在学校的话该怎么处理等。不管是儿子还是女儿，最好在他 / 她十岁左右就开始这方面的谈话。有些孩子可以稍晚些，但最好还是要赶在青春期之前谈论。

开始这个话题时，可以先告诉他，身体会发生哪些变化，荷尔蒙的变化又会给他带来怎样的改变。有很多这方面的书可以帮你轻松进入话题，我建议你找一本合适的书跟孩子一起阅读。因为书籍容易转移或者深入话题，可以借由客观讨论转到个人身上。书店有很多不错的书，专门针对青少年的问题，而且还细分了男女生。

你最好事先浏览一下要给孩子看的书，并且在开始第一次谈话快结束前，让孩子至少独自阅读书中的部分章节，然后再与他一起探讨并回答他的疑问。一定要强调他在这方面的问题和关注都是很自然的、健康的，是这些年你一直希望跟他探讨的话题之一。

在谈论性话题上，你越是坦率开放，与孩子的谈话效果会越好。跟孩子谈话时，一定要时刻铭记谈话的最终目标：要让他最终成为快乐、充实的成人。请正视现实：性爱对于人的身心健康是十分重要的。因此，我们要让孩子坦然面对自己的身体并安全地探索性。

作为两个女儿的妈妈，我一直都想让她们明白，她们有权利选择自己的性伴侣，也同样有权利在任何时候对任何人说"不"。我总是告诉她们，性是建立在神圣的爱的基础之上的，并让她们了解。在欲望和自我控制方面，同龄的男孩与女孩有什么区别。我总是真诚坦率地与她们沟通。我告诉她们，随着逐渐长大成人，她们遇到的伴侣可能不止一个，但会永远记得第一个。我还会跟她们讲自尊自爱与安全性行为的重要性。

我那些有儿子的朋友们也会非常坦率地与他们的儿子沟通。通常，青春期的男孩对于马上要成为"男人"这件事感到压力重重，对于成长，他们跟同龄的女孩一样，没有作好相应的心理准备。

可以通过简单的讨论，教育儿子在性的探索和进行性行为的过程中，一定要尊重女性的意愿。同时，一定要告诫他们，强奸是一项严重的罪行。当女孩说"不"，就意味着要"停止"性行为。而且，做爱时，要确保已采取防护措施以防性病或避孕，要让孩子学会正确使用安全套。

不管男孩还是女孩，青春期的孩子在生理上已经性成熟，但心理上可能还没有准备好性行为后导致的情感震荡。我认为，在性方面，孩子等待和准备的时间越长，未来可能遭受的情感伤害会越少，越能获得持久的幸福。

对于父母来说，孩子青春期的时间显得无比漫长。十三到十九岁之间，孩子从童年时代破茧而出，完成从儿童到成人的蜕变。即使有可能，要把他牢牢看住也还是很困难的。大多数情况下，他可能会擅自作出决定和选择。

在这方面，你越是树立起自重和尊重他人的榜样，他就越懂得尊重自己以及伴侣。一定要让孩子明白你对他的期望和你的价值观。务必使他认识到自我保护如避免怀孕及避免性传播疾病的重要性。与孩子真诚沟通并倾听他的声音。这真的是你与孩子之间最重要的谈话之一，而且我希望是他成长过程中的第一个重要谈话。

让孩子果断地对毒品说“不”

毒品摧毁了多少年轻的生命，各大报刊杂志的报道已经屡见不鲜。更令人担心的是，今天的孩子直接或间接接触毒品的年龄似乎越来越早了。作为父母，必须用自己的方式告诉孩子毒品的危害。

我们应该和孩子们坐下来开个家庭会议，好好讨论一下毒品的危害和影响，并适时教育他远离毒品。不要等到毒品找上门、同龄孩子把毒品的危害带到孩子面前时，才告诉他这些。我们应该尽早采取措施，防患于未然（通常是八到十岁时）。因为如果等太长时间的话，也许有一天孩子会陷入无可挽救的境地。

在上文中，我们谈到很多关于同伴压力的话题，还有同伴会带来什么影响以及如何影响。我们也提过,真正的好朋友不会强迫孩子做他不愿意做的事。

当同伴压力逐渐消失时，当孩子已经作好准备并知道如何摆脱困境时，当他懂得不需要装得像个大人才能获得自信时，当他明白朋友也会随着年龄的增长不断变化时，当他知道不能因为害怕拒绝别人而冒着失去生命和尊严的危险时，他就会懂得斩钉截铁地说：“不，我不抽烟！”或者“我不喝酒，也不吸毒。”

正是那些没有任何思想准备的孩子，才会去尝试这些有害物品；或者那些缺乏父母关爱、指导以及坦率沟通的孩子，往往会误以为毒品带来的兴奋感能让他摆脱成长的痛苦。

要帮助孩子意识到，在适当时勇敢说“不”，自信地抵制住朋友的压力，具有不可估量的重要性。面对同伴，孩子总会因为受不住压力而点头同意了，因为他缺乏自信，也没有远见、没有技巧、没有借口来拒绝。花时间帮他建立自信、增强勇气，可以让孩子受益一生。

关于吸毒和酗酒，你可以与孩子探讨以下内容：

- ◆ 问问孩子对毒品了解多少，看看他接触毒品和酒精已到什么程度，以便寻找谈话的突破口。及早开始这个话题，并让这种谈话成为持之以恒的教育过程。
- ◆ 同伴带来的压力是巨大的。教会孩子要有自己的主见。帮他树立自信，让他更容易表达自己的意见和想法。探讨一下什么才是真正的朋友。真正的朋友会支持他的选择，不会因为选择不同而让他感觉不舒服。
- ◆ 讨论甚至是模拟一下同伴压力出现的场景。比如在面对留宿、运动旅行、音乐会、野外考察、派对聚会等情况时，孩子都可能面临"同意"或"拒绝"的选择。要摆脱尴尬局面有很多方法，比如适当运用幽默，或勇敢地说"如果我不想抽烟的话，不要逼我"，或者找个离开的理由"我很饿，去找点吃的"，或者寻找盟友一起面对。
- ◆ 充分利用互联网和书籍，让孩子识别不同的毒品。要让他知道很多毒品看上去都跟糖果差不多。
- ◆ 要跟孩子讲清楚，服用治病的处方药和服用兴奋剂有何区别。在美国六年级以上的学生中，药物滥用问题普遍存在。保管好你的药物，别让孩子轻易拿到。
- ◆ 应该开诚布公地讨论毒品成瘾给人们生活带来的负面影响。利用电影和新闻报道中的事例，告诉孩子滥用药物会毁了人们的生活，不但会影响用药者本人，还会影响他的家人和朋友。
- ◆ 为孩子树立一个好榜样。在某种程度上，目前酗酒还为社会所接受，但其实真的跟滥用可卡因没太大区别。如果你也靠喝酒来麻痹自己或逃避现实生活中的压力，很可能已为孩子树立了负面榜样。
- ◆ 在美国，虽然法定喝酒的年龄是二十一岁，但孩子接触喝酒这件事可能远远早于此。教育孩子要学会自我克制，千万别在没人陪伴的场所喝太多，以防酒里被掺入乱七八糟的东西。随着孩子渐渐长大，务必要时刻提醒他注意这一点。

◆ 要询问孩子是否吸毒。要让他知道，他与朋友聚会的时候，你会一直盯着他们寻找蛛丝马迹。要时刻警觉他性格或行为的变化。时不时彻底清扫一下他床底下，别想当然地认为他有这个抵抗力和免疫力。

◆ 当孩子问起，你年轻时是否尝试过毒品，要尽可能诚实地将你的经历全部告诉他。指出尝试毒品会将人置于何种危险的境地。比如我，那时只顾着自己饮食失调的问题，哪还有时间尝试毒品呢。不过，我还是会向女儿们坦诚自己年少时的挣扎和迷茫，因为这是十分正常的，我希望女儿们也对我坦诚相对。

除了要应对同伴强迫其喝酒吸毒的压力之外，生活带给孩子的挑战还有很多。我们一定要教给他说“不”的勇气和方法，去拒绝那些只会让他的人生旅程变得更加灰暗的事。

做孩子的妈妈而不只是朋友

我碰到过不少妈妈，往往还没扮演好妈妈的角色就天真地想成为孩子的朋友。这是一种错误的想法。因为当一个朋友似的“酷”妈妈，会让你在孩子面前失去必要的威信。这种威信是你在制定家规时必不可少的。其实，孩子已经有朋友了，那就是他的同龄人。

现在，他需要的是指引者，是能有意识地帮助他重塑行为的人，而这一切只有大人才能做到。这就意味着，我们要先放下与孩子交朋友的想法。别忘了，**你的孩子有同龄人当他的朋友，他更需要你当他的妈妈。**

女儿杰西小的时候，曾问我是不是她的朋友。我回答说：“妈妈爱你，但不同于你的朋友。妈妈很爱很爱你，所以必须教你什么是对的，什么是错的，所以才会在你做错事的时候教训你。妈妈要你听话，并且相信妈妈比你更清楚如何保护你不受伤害。你的朋友不会教你这些，是吧？”她点点头说：“是的，妈妈，他们从来都不这么做。你比我最好的朋友还要好，因为你这么爱我。”

你可以看到很多妈妈，都急切地想成为孩子的朋友。她们会在派对中为孩子准备好酒，有时还索性跟孩子一起疯狂。她们不给孩子设置宵禁时间。她们根本不知道孩子在学校发生了什么事，因为孩子说什么她们都信以为真。她们从来不对孩子说半个“不”字。

我理解，妈妈们确实很难平衡。一方面，我们想跟孩子和睦相处。我们想创造一个安宁快乐的家庭。毕竟，处于青春叛逆期的孩子本身已经够艰难了。谁也不想看到他愤怒地跑过来，撕心裂肺地喊道：“都是你毁了我的生活！”

另一方面，我们又要为孩子立下规矩，提醒他你并非他的同伴。在解决某些问题时，你比孩子更有发言权。你这么做，其实也是给了他一个很好的礼物。不管他理不理解，你的指引才是他最好的朋友。当孩子长大后，搬出了家里，开始独立生活，为自己的行为承担后果，那么你与孩子成为朋友的时刻也就来临了。到那时，他会有很多的朋友。

妈妈下午茶

“不！你们不能自己坐车去派对！”

罗莉有个儿子叫托伦，今年十一岁。有一天，他打算放学后参加一个生日派对，由他同学的妈妈开车顺便接他过去。但事情有变，托伦的同学的妈妈临时有事不能开车，让他们自己坐公交车过去。罗莉听到后，厉声喝道：“不！你们不能自己坐车去派对！”

罗莉把这件事告诉我时，有些伤心后悔，多么希望自己能成为儿子眼中的“酷”妈妈。她怕儿子会因此疏远自己。我安慰她说：“其实，你儿子需要的并不是一个‘酷’妈妈。不过你要让他知道，为什么他不能自己坐公交车过去。”

我对她说，“酷”并不代表要全盘同意儿子的想法或认可他的行为，她可以适当改变一下表达方式。不要直接劈头盖脸地说“不”，而不给任何解释。她可以心平气和地与儿子好好谈谈坐公交车这个问题，并让儿子知道妈妈只是担心他的安全。但妈妈一定要坚持自己的决定，这才是“酷”妈妈的真正涵义。

家庭生活不是要完全民主，你才是一家之主。作为妈妈，你一定要树立自己的权威，这样你制定的规矩才会得到重视和遵守。孩子需要你为他指点迷津，如果太“酷”的话，你就与他们平起平坐，根本无法拥有必要的威信。总有一天，一切会水到渠成的，只要时机合适，你会成为拥有威信的妈妈，同时也是孩子最好的朋友。

如何让青春期孩子在派对上玩得安全又尽兴

当孩子在我们眼皮底下慢慢长大了，他们的聚会也越来越多了。进入青春期后，孩子已不再满足于超级英雄或王子公主的游戏了，会追求更多的刺激，比如很可能在喝果汁和苏打时加点酒。作为父母，我们既要给孩子社交娱乐的机会，又要让他远离伤害，同时让我们自己免受法律追究。

女儿们上高中时，我听她们讲过一些“很酷”的妈妈，竟允许孩子在父母的监督下喝酒。我的想法则与之截然不同，也并不想成为高中生口中的“酷”妈妈。作为单亲妈妈，我清楚孩子们很容易骑到我头上。如果出了什么乱子，我根本就是孤立无援，所以我禁止一大帮孩子到我家聚会。

肯娜满十八岁那年，特别想搞一个主题派对庆祝一下。这让我大惊失色因为我最近很关注新出台的法律条令，父母在家纵容未成年孩子喝酒是要负法律责任的。我必须竭力避免这种情况出现，因为我知道孩子们聚在一起一定会肆无忌惮地喝酒，不管父母有没有在场。但是，我又不想让肯娜扫兴，我也想为她庆祝。

于是，我就发动其他妈妈，帮我一起监督。而且，我还事先与肯娜有个君子协定。首先，肯娜在请帖中必须特别注明不喝酒；其次，参加派对的每位孩子需要有专门司机接送。我的意思很清楚：如果肯娜不同意我的条件，那就不能举办派对了。

我们有必要让孩子知道，如果出点什么事，父母可是要担风险的，可能是牢狱之灾，也可能从此身败名裂。我最担心那些喝酒又开车的孩子的安全。就算我不为他们准备酒，他们还是有可能自己偷偷带来。为了让他们玩得尽兴，同时减少危险，我作了以下准备：

- 派对主题是豹纹服饰，与会成员都要穿与主题相关的服饰。
- 我把家具搬出了房间，把客厅改造成了舞池。
- 我租了一些迪斯科专用灯具，把灯安在露台上。
- 我把卧室门锁了，这样孩子就待在公开区域，一目了然。
- 我做了好多孩子们喜欢吃的食物，还特意跑了一趟超市。我准备了好多零食，足够他们一整晚吃的：比萨、蔬菜、苏打、巧克力糕饼、糖果和薯片等。
- 每位孩子都配有一名司机。这样就有很多司机和乘客。我派了人在门口迎接孩子们进来。车钥匙都要交出来，由一名大人监督统一挂到门上，每位小宾客进屋前都要签名。
- 司机们都心知肚明，他们到派对结束时都要进行酒精测试。酒精测试结果必须为零，否则我们就会找人把他和他的乘客一起送回家。这样，司机得到第二天早上才能过来取车。
- 我把留在派对区域内的软垫家具都盖上保护膜，以防洒上饮料汤汁。

- 我把贵重物品（珠宝首饰等）都锁了起来。
- 我检查了来宾的包和皮夹，把包里的瓶子拿出来，当场打开，因为孩子们通常会偷天换日，在矿泉水瓶中装上伏特加或别的烈酒。
- 我召集的妈妈团，整晚都在屋子里转，检查锁着的门。如果发现可疑的瓶子就当众没收；如果有一群孩子进了洗手间好长时间都没有出来，她们就会毫不犹豫地推开门。
- 我们在午夜时分结束了派对。

当孩子渐渐长大，我们为其设立的私人空间也会有所改变。随着孩子有能力承担越来越多的责任，空间自然会越来越多。但我们必须谨记，虽然别人家的孩子不归我们管，但根据法律，只要他们在我们的屋檐下，那么我们就必须像对自己孩子那样，也对他们负责。

况且，保护这些孩子，也是我们对其父母应尽的道德责任。将心比心，我们同样希望其他父母也能像保护自己孩子一样保护我们的孩子。我们有着共同的关切，那就是让孩子们健康安全地成长。即便有时候，要做到这一点会让我们看起来不那么“酷”。

派对还是那个派对，孩子还是那些青春期的孩子。只要我们好好计划、多费些心思，还是可以让孩子们玩得尽兴又安全。多运用智慧，让派对变得有趣，同时远离酒精，让孩子们合法地玩乐。

“如果你想上社交网站，那就加我为好友吧”

因为工作原因，我加入了 Facebook。朋友得知后，说道：“恭喜你，又多了一个困扰。”我很快就明白了，为什么 Facebook 在各年龄层的人群中都那么流行。社交关系和友谊对我们每个人都很重要。而对孩子们来说，赶潮流意味着一切。

要运用社交媒体的有益一面，同时避免其不利影响，实在是个巨大挑战。随着孩子们逐渐长成少男少女，要禁止他们上网已经不太可能，他们有各种办法绕过层层限制。然而，虚拟世界也是乌合之众聚集的圣地。所以你需要提高警惕，适时保护自己的孩子。

我们都听过可怕的网络暴力事件。我们家对此有过切身经历，我的两个女儿都曾在网上公然受到排挤、威胁和欺凌。几年前，杰西在聚友网（Myspace）不断受到骚扰。当时，我还不知道什么是聚友网，只知道女儿当时沉迷于此。直到她受到威胁、围攻，我才意识到社交网络的危害。

妈妈下午茶

社交网络，了解孩子的窗口

最近，我向一位朋友请教如何管理孩子上社交媒体的问题。她有两个女儿和一个儿子，都处在青春期。她这样告诉孩子："你想上 Facebook？好呀，没问题，那加我为好友吧。"

这样，她就可以仔细浏览孩子的个人主页，以确保他发布合适的内容，他的好友也没有不当言论。据这位朋友透露，她也是在发现儿子突然变得行为怪异后才想到这一招的。有一段时间，儿子突然变得沉默寡言，心情忧郁，这并不像平时的他，但儿子不肯告诉妈妈发生了什么事。

于是她就上了 Facebook，发现有几个男生在上面对儿子恶言相向，想把他赶走。可笑的是，这反而让朋友感激起 Facebook 来。因为它能让父母了解孩子的真实想法和感受，有些是孩子平时不敢表达的。但是，父母在向孩子核实情况时，一定要小心翼翼，这样他才不会闭口不谈，你们之间的沟通之门才会敞开。

我们从社交网络威胁中搜集了足够证据，最终锁定威胁者就是在学校里一直欺负和骚扰杰西的那位女生，于是要求她停止这种不良行为。网络暴力可能威胁很多孩子，所以父母一定要了解网上正在发生的事。

尽管我们不能控制孩子的聊天对话，但我们可以及时跟进他的最新变化。我女儿成长的时代，科技日新月异，而且她们精通网络。父母也要跟着一起进步，了解网络，因为落后的后果不堪设想。孩子的朋友比我们想象中的多很多，他的个人生活和社交面貌都自然地呈现在网上，而我们这一代人顶多在电话本中写些相关信息。

允许孩子参加社交网络，而不控制他的一举一动，确实是门艺术。**信任与尊重他人隐私和保护孩子的本能之间存在很微妙的关系。**我们应该与孩子与孩子好好谈谈适当运用社交媒体的问题。明确告诉他，你会以尊重他为前提，冷静看待网络上发生的事，绝不会任意禁止他参与正常的社交活动。

当“中年危机”遇到“青春期危机”

在养育孩子的过程中，有些时期总让人感觉尤其艰难，比如孩子出生后的几年及进入青春期时。

回想照顾幼儿的最初几年，正是我和理查德刚刚建立新生活、事业刚起步的时期。当我们经历一个个不眠之夜、长久的加班工作以及回到家还要照顾幼小婴儿的生活时，无论是在精神上还是体力上都感到无比劳累。但与此同时，见证孩子幼小的生命慢慢成长也给我们带来了欢乐。

当然，那时我们比现在年轻，旺盛的精力以及对未来的期盼让繁重的家务和生活的困难都变得不那么难以忍受，一些小细节也在生活节奏的加快中变得多姿多彩起来。当孩子上小学后，我们的生活开始安顿下来，逐渐变得平稳有序、游刃有余。我们的日常生活变得规律，而我们也经常为自己爱心造就的这一切而备感欣慰。

接着，孩子进入了青春期。在这段时期，有时我们恨不得要撞墙。我们筋疲力尽，对自己、对未来、对为人母的能力与智慧失去了信心。我们不停地问自己，究竟发生了什么？其实也没什么大不了的，直到有一天你注意到自己的生活其实也是这般动荡不定。

一天晚上，我突然想到造物主真是跟我们开了一个不大不小的玩笑，让孩子青春期的叛逆与我们中年生活不断凸显的种种问题同步出现，让抚养青少年孩子的过程充满了种种压力。

这些问题包括：潜在却日益严重的健康问题；失业或跳槽的难题；婚姻可能面临破裂，与另一半渐行渐远。我们感到漂泊不定，对后半生生活感到些许茫然。这时，我们的孩子也正在为进什么样的大学而犯愁，我们则要担心怎么支付学费。换句话说，我们正处于中年危机，正如我们的孩子正经历所谓的“青春期危机”一样。

我不止一次地听过这个故事：一个女人长得跟电视剧《丑女贝蒂》（*Ugly Betty*）里的贝蒂一样丑，却与自己儿子的足球教练谈恋爱并以为找到了真爱。可事实上，她正处于中年危机，内心的挣扎正如她儿子对他自己变化的身体和荷尔蒙的困惑一样强烈。

在年轻一代冲破藩篱、寻到自我之时，我们却已经开始质疑自己的选择和曾经的信仰。**当我们以为渐渐长大的孩子不再需要“贴身保姆”式的关爱时，却发现他要求的似乎更多了，而我们还未作好准备。**

这是一个我们的生活和孩子的生活以一种新的、略带讽刺的方式重合的时期。我们都在为自己的身份认同感而挣扎。我们的挣扎也许比孩子的更为激烈，但也没有本质上的不同。而且，更具讽刺意味的是，在我们人生中最忙的两个时期（抚养幼儿和青少年孩子时期），也是我们的事业需要付出最多精力的时候。

提前预测这些变化的时期和即将出现的混乱是有好处的。如果这个时期来临，你要对自己周围的动荡保持警觉，从困惑不解中清醒过来，确保你的生活轨迹方向是正确的，不致因中年危机导致的疯狂而发生偏离。其实你并没真的发疯，只是需要在内心中为更深层次的问题寻找答案。如果能将这段时期视做自我成长的机会，那么，你会守得云开见月明。

Chapter 6

你是温柔妈妈，也是优雅女人

我们是管家、看护、咨询顾问、老师；我们还是厨师、家庭组织者、私人助理和教练……我们是妈妈，也是女人。请学会“有选择地操心”，学会优雅艺术地说“不”，找点时间，找点空闲，让自己绽放出玫瑰般的女性魅力。

每个人都需要成长，妈妈也不例外

成长是一件值得庆贺的事情。它意味着自身能力和个人修养均得到进步，个人发展得以实现。妈妈的成长历程并非总要给其他事情让道，而且可以充满生趣，并且也是整个家庭经历的宝贵部分。**我们内心的不断强大，会通过外在表现展示出来，就如同石子掠过湖面激起阵阵涟漪，不断向远处荡开；这对我们的家庭和周围的人都有积极作用。**

个人成长就是要不断反省和审视那些不适用于家庭和家人的想法。过去的积怨、遗憾、愤怒、仇恨、恐惧等情绪只会成为家庭幸福的绊脚石。当我们跟着自己内心的选择前进，抛开不良情绪的包袱，拥有了更健康的想法和思维模式后，我们的家人都会注意到这种可喜的改变。可以以此为契机，与他们分享整个变化过程，并且鼓励他们也做这样的尝试。

当自我谴责渐渐销声匿迹，个人成长就进入了改善生命质量的健康轨道。这个阶段可以这样做：

首先，为自己设立一个目标，每年至少参加一个进修班来提升个人能力，这些教育课程具有神奇的力量，可以使我们暂时摆脱纷扰的现实世界，用心聆听仰慕已久的学术大师的教诲；

其次，每天找一个时间让自己平静下来，练练瑜伽或者冥想，或与女性朋友相约参加一些社交活动。我们可以通过电子邮件或定期聚会彼此鼓励，交换一些积极的看法。多参加些令人振奋、鼓舞人心的活动是很重要的。

妈妈们的个人成长，也可以融入整个家庭的活动。我们可以在每年年初，发动全家做个愿景板。家人围坐在桌旁，每个人都用从杂志上剪下来的图片和文字拼贴成一张海报，以表达自己的新年愿望和人生目标。也可以一起做一张家庭梦想图，说说想去哪里度假，或者找某个美丽的假日一起放松休闲。

我还认识一位妈妈，每天早上都会挑选一句激励人心的名人名言，写在厨房的小板子上。每天吃早饭时，孩子就会读一遍。你可以想象孩子一边读着名言警句一边喝燕麦粥的情景，这些话会在他们的心里产生多么深刻的影响啊。

个人成长要想充满乐趣，必须要以正面引导为主，而不是一味谴责批判。从我个人经验看，每个积极的视角或者新想法，都会对婚姻和孩子产生正面影响。通过有趣的家庭和个人活动，你的个人成长对你自身和家庭的影响都是不可估量的。努力让它变得有意思些，身体力行地为孩子们树立榜样，让他明白丰富的内心世界能让每个人都生活得更美好。

何时做妈妈与爱有关，与年龄无关

最近看到一段言论，认为“二十五岁以下的女人不应该生孩子”，对此我颇有感触。也许给决定要小孩的女人设置一定的门槛有很多好处，比如让她们完成学业、具备独立的能力、提前上培养孩子的课程、在银行攒足一定积蓄等，还可以列出很多。但我认为，达到一定年龄，并不是成为好妈妈的先决条件。

如果每个孩子都恰巧在合适的时机来到这个世界，事情恐怕会容易得多——如果真有所谓“合适”时机的话。考虑到做妈妈所要承担的财政压力，可能确实存在某个时候比其他时候更好的情况。然而，虽然年轻妈妈和大龄妈妈的物质条件各不相同，但做妈妈的意义是一样崇高的。成为妈妈会让你偏离原有的生活轨迹，进入另一个完全无法想象的世界。

身为年轻妈妈，或许还没有来得及充分认识自己的女性特质，也可能再没时间和自由在社会中确立独特身份；而大龄妈妈也有其无奈，她可能已经没有年轻时那样的旺盛精力，在面对为人母过程中所遇到的挑战时，难免会显得力不从心——在追着精力无限充沛的孩子跑时尤其如此。

然而，我也看到不少妈妈游刃有余地应对一切。虽然智慧要靠岁月的沉淀，但同时从全新体验中获得快乐却又是年轻人的专利。也就是说，年轻妈妈和大龄妈妈，都具备做好妈妈的先天条件。而**好妈妈的必备素质之一，是拥有感知孩子的需要、培养孩子健康成长的能力，这与年龄无关。**

妈妈下午茶

一边完成学业，一边养育儿子

我的女儿杰西是在采取避孕措施时怀孕的。她当时十九岁，已经订婚。服避孕药的女性中仍有3%可能怀孕，她就是其中之一。她对此毫无心理准备。这件事带给她的心理冲击不亚于她十七岁失去父亲时那种晴天霹雳般的感觉。但有时命运如此，造化弄人。

杰西小小年纪怀孕，还能调理好自己的身体和心理，作为母亲的我对此也是惊讶不已。老实说，我结婚生子的年龄比杰西还要大五岁，但她在怀孕期间处理各方面的事情时，却比我当时做得更到位。

我暗暗惊叹，她是个多么棒的妈妈，对自己儿子的照顾如此细致入微。在杰西心目中，儿子永远是第一位的，她对他倾注了无私的爱，正如当年的我一样。她甚至还想出办法来平衡养育孩子与完成学业的冲突。为了适应新生活，杰西做出了不少牺牲，这使得她拥有了同龄人所不具备的成熟。

难道她不想度过一段无忧无虑的青春时光吗？当然想。难道她不想象一般大学生一样，整天只需要做些选择什么课程之类的简单决定吗？当然想。但她愿意放弃儿子来换取这样的生活吗？绝无可能！

如何抚养孩子，永远是值得探讨的课题。尽管专家们的新理论层出不穷，似乎还是无法解释为什么一位单亲妈妈含辛茹苦带大的孩子能成为美国总统。而家境殷实、环境舒适的中产阶级家庭长大的孩子却成为了“庞氏骗局”(Ponzi Scheme 是一种最常见的投资诈骗，由一个名叫查尔斯·庞齐的投机商人“发明”的。很多非法的传销集团就用这一招聚敛钱财。——译者注)的设计者，最终锒铛入狱。由此可见，要成为一位好妈妈，是没有标准的方法或年龄的。

不论你多大年龄，你能给予孩子的最好礼物，就是你愿意倾其所有为孩子提供最好的家。物质方面的条件不足挂齿，最重要的是发自你内心的爱。爱是不分年龄，也没有止境的，这跟你多大岁数毫不相干！爱是妈妈最重要的特质，不论你处于哪个年龄段。

从有价值的工作中获得成就感

我在做妈妈的过程中感到最快乐的事，就是在把家里打理得井井有条的同时，又能干点自己喜欢的事来充实自己。这种“充实”并不包括定期做 SPA、与朋友出去吃饭，或与理查德约会，而是参加一些有价值的活动，比如绘画、写作或投身慈善事业等。这是我真正感到内心充实的时刻，因为我的自我成就感得到了满足。

这些年来，我创办过自己的平面设计公司，从事过咨询工作。两个女儿出生以后，我把重心转移到家庭中，把大部分时间用来照顾她们，操持家务，安排我们的生活。但很快我就发现，尽管我热爱自己的生活，那些日常琐事还是会显得枯燥乏味。只要我能适当做些调整就会很快乐，比如画一幅画、重新布置一下家居、做些手工活、练习马拉松、为慈善机构募捐或是投资公司。我知道我需要外界刺激来激发我的活力。

尽管做妈妈是我们最重要的工作，但我们往往容易过分强调这一角色，忽略了自己的其他社会角色。**作为妈妈，我们要首先让自己这口井保持充盈，才能保证全家人都有水喝。**家庭生活会耗费我们大量的精力，抑制我们的激情。如果不时时充实自己，这口井迟早会枯竭。

事实上，跳出养儿育女的固定框架，充分展示个人才能，对每位妈妈来说都非常重要。比如，我们可以继续充电，上上艺术课或烹饪课，也可以参加别的活动。培养别的兴趣爱好，提高个人修养，充实精神世界。有些妈妈通过发展自己的事业来获取家庭生活之外的满足感；也有些妈妈通过为他人服务的志愿者工作找到成就感。这些都有助于我们以饱满的热情去面对较为枯燥乏味的日常琐事。

如果你的生活太过单调，缺乏快乐，那么请花点时间静静地坐下来，聆听自己内心的声音。然后，列出自己的愿望清单，尝试着回答以下问题：如果不考虑时间或者金钱，你内心最渴望做的是什么？什么事能让你快乐、兴奋，哪怕只是想到它们你都会不由地嘴角微微上扬？如果没有那么多琐事缠身，你每天希望做的是什么事？你的人生有哪些愿望暂时搁浅了？

这些计划不一定要非常宏伟，哪怕只是插花、打理花园、画画、去社区剧院表演、或参与某项社会活动这样的小事都行。回顾自己的列表，选择一项你每天都能花几个小时去做的事，然后就着手干吧！

妈妈下午茶

在工作与家庭生活之间不断游走

这些日子我也常常笑自己，如今女儿们都已长大成人，但我仍然在时间管理这个问题上试图寻求平衡——讽刺的是，现在让我备感烦恼的事变成了如何在繁忙的工作中为家庭抽出点时间。

我兴趣广泛，还有自己的事业，但我也想更好地与家人相处。

我与小女儿肯娜报了个高温瑜伽班，常常抽空一起去；杰西去上学时，我帮她照看我的外孙卡登，我们称之为“周一外婆专属日”。

卡登一岁时，正值我的新作《悲伤开启》(*Heart-broken Open*)收尾及巡回宣传时期，我异常忙碌，但还是会空出星期一这个日子陪伴他。我不得不苦笑，生活会颠倒很多事情的顺序。我在工作与家庭生活之间不断游走，并且深知不管失去哪个部分，人生都是不完满的。

跳出日常琐事，用新的兴趣丰富自己，我们才能重新获得力量，找回生命的精彩，并以新的视角坦然面对挑战。当你的生活充满了激情，你的灵魂所得到的报偿将是不可估量的。我们要不断发现身边的新鲜事物，用激情灌注能量，为自己充电。不管你喜欢做什么，尽情去做吧。

单亲妈妈，你值得再次拥有爱情

以前我只要一想到单亲妈妈要搞定的所有事情，就会感到不胜烦扰。要把家庭、孩子以及个人生活都打理得妥妥当当。有精力搞定其中一项就不错了！单亲妈妈肩负了每位妈妈都承担的责任，却缺乏伴侣的支持。她每天晚上孤枕而眠，身边没有一个可以倾诉的对象，也没有人能随时开解她。

我知道，大部分单亲妈妈要经过很长时间的准备，才愿意开始一段新的恋情。原因可能是情感方面的，可能是物质方面的，也可能二者兼而有之。我也是单亲妈妈中的一员，我们每个人都会感到脆弱。

不论因何种原因失去自己的另一半，都在一瞬间改变了我们的生活轨迹。治愈伤口显然需要时间，重拾女性魅力以便步入人生的新阶段，同样也需要时间。但**在成为单身妈妈之前，你早已拥有了一个独立于母亲的角色——女性，所以你一旦作好了准备，就该给自己时间重新做回女性。**

单身妈妈没有太多的闲暇时间，所以一旦开始约会，你一定要告诉自己，开心是第一要务。全身心投入这段时光，不要因为没有陪在孩子身边而有负罪感。我敢肯定，在你离开的这一小会儿时间里，你一定已经将孩子的一切事宜都安排妥当了。寻找自己的爱情和伴侣，是件再正常不过的事，要给自己一个机会打扮得漂漂亮亮的，重新散发女性魅力，赢得他人爱慕。在经过几次的不自在之后，你会对重新寻找爱情这事儿坦然得多。

现在还要跟单亲妈妈们谈谈硬币的另一面，不是我危言耸听，约会毕竟还是有些风险的。以下几点温馨提示，能帮助你在约会的同时保证你和家人的安全：

- 多问约会对象一些问题，了解清楚对方的为人。比如他是做什么的，有没有不良行为记录等。
- 约会的意图，应该是愉快地交谈，享受美好的夜晚。不要过多地去想这种关系意味着什么，你到时总会明白的。玩得开心就好！
- 除非你已经很了解对方，而且已经跟他约会好几个月了，否则不要约他在离你家太近的地方见面。不要让他知道你的住址。
- 如果你是由网恋开始的，那就不要轻易把电子邮箱地址或电话号码给他，除非你对他已经彻底放心了。
- 把对方介绍给家人认识时，一定要慎重。也许你很喜欢他，但如果你们不是经朋友介绍认识的，而且你过去并不认识他，那么你就无法认定这个人能否善待你的孩子。在保护孩子这个问题上，不能有任何妥协的余地。
- 在将他正式介绍给你的家人之前，你一定要很了解他本人、他的朋友以及家人。这样你就能通过不同的侧面，更深入地了解他。他的朋友一定会向你透露很多信息，包括他的性格、爱好和行为习惯。你把他介绍给自己的朋友和家人时，一定要听听他们对他的意见和看法。所谓旁观者清，他们一定能看到许多你这个当局者未必看得到的事情。

再说一遍，要安全而明智地约会，最重要的是要开心！你值得再一次拥有爱情！

学会说“不”，你才有时间说“好”

我对所谓的“超级妈妈”一直怀着又佩服又怜悯的态度。她整天像陀螺一样不停转动，对与孩子相关的事情有求必应，把自己搞得喘不过气，筋疲力尽。能不能请你帮忙张罗下学校的书展？没问题！能不能请你担任家庭教师协会的年级代表？当然可以！足球比赛结束后，能不能再组织球队进行一次烧烤？好呀，我马上准备！

这样下去，你会成为什么呢？成为一根不折不扣的、具有奉献精神的蜡烛。要掌握拒绝的诀窍，学会说“不好意思，谢谢你的抬爱，我现在手头有很多事要处理”，这样你才能把时间空出来，去参加那些你真正想参加的活动。

从孩子上小学开始，你会渐渐意识到，有许多志愿工作要父母做，有些是学校里的，有些是孩子参加的体育比赛和其他活动的。学校本身的资源有限，所以要靠父母们自愿出力弥补这个不足，这样孩子才有机会参加更多的文体和课外活动，以丰富他的知识体系。

这种志愿工作是没完没了的。认识到这一点，能帮助你明智地作出选择，将时间花在刀刃上。在应承下来之前，要尽量选择那些能发挥你技能的岗位（比如营销、写作、金融和募集资金等）。同样，也可以考虑那些能让你学到新技能的职务，比如计算机技能，因为你可能在带大孩子后重回职场。

请记住，做志愿者虽然要完成应尽的义务，但同时也要能够享受其中的乐趣。如果与你合得来或者你想认识的人一起共事，那你的志愿工作就会成为社交的良好平台。我认识一位妈妈，她就是在作学校委托的志愿工作时，与同她共事的另一位妈妈成了好朋友。

作出选择的要点是，你必须懂得把握好“度”，问问自己的内心，花多少时间才是合理的。如果你已经在某个项目中承担了重要角色，那么就该适当拒绝或放弃其他项目。一旦过度承担了任务，那么你的空余时间将被大量占用，你与家人相处的宝贵时间就会减少了。也许每个妈妈都很想尽些责任，但你没必要样样都参加。

有些人承担志愿项目是因为害怕令他人失望，也可能是不懂得说“不好意思，我现在不能答应”，“对不起，我去年当过委员会会长，今年该轮到别人了”之类的话。但另一方面，人一旦被逼得太紧，就难免感到愤怒，而没有了志愿活动该有的满足感和快乐感。

我的建议是，你应该先弄清楚对自己来说什么是最重要的，然后再合理分配时间。只有学会了毫无负罪感地说“不”，你才能更好地照顾家人，并且能为你真正在乎的社区工作尽心尽力，以更饱满的热情参与其中。你也会发现，为丰富孩子生活作出自己的贡献，是件多么快乐的事。

你是妈妈，同时还是女人

作为妈妈，我们的角色很清晰：我们是管家、看护、咨询顾问和老师，同时还是厨师、家庭组织者、私人助理和教练。我们被扣上了那么多头衔，以至于很容易忘记在生孩子之前，曾经拥有自己的人生。

做妈妈是如此费神，我们似乎很难再兼顾到其他方面，比如我们作为女性应有的享受、我们展现智慧和创造力的需要、我们的事业以及我们服务于社会的愿望。然而，这些都是一个完整女人应该具备的素质，而正是这些素质造就了如今的女性和妈妈。

然而，作为妈妈并不意味着感官享受该从此销声匿迹。当然，奶水溢出、婴儿哭着要喝奶不会让我们多几分性感。错综复杂的忙碌生活也让我们疲于应对，而无暇注重自己的外表和性需求。但是正如玫瑰需要水的滋养才能保持其妖娆，女性魅力也需要养分使其熠熠生辉。

其实，这并不会花费你太多时间，一些简单易行的方法就可以让你重获做女人的感觉。修剪一下头发和指甲，能让你更有女人味。晚上孩子睡着后，点上蜡烛，好好泡个澡，然后穿上美丽的睡袍或者柔软飘逸的睡衣。丝绸、蕾丝或者高级棉纱拂过肌肤的感觉会提醒你，你作为女性柔媚的一面并没有彻底消退。

实际上，家庭生活之外所取得的成就也能给妈妈们带来极大的快乐。尽管时间宝贵，多数女性还是愿意做些慈善活动回馈社会。

比如，我有位朋友运用她的法律知识，帮助她所在地区的学校创立了基金会；一位朋友在当地图书馆担任董事；另一位位朋友帮助低收入家庭的孩子创办了一个夏令营项目；还有位朋友选择参加读书俱乐部，可以广泛涉猎自己感兴趣的书籍，阅读并探讨。这些活动不但可以发挥她们的聪明才智，也能以书会友，认识许多志同道合的女性。

当孩子上学或由保姆或者伴侣照顾时，我们就可以去经营妈妈身份之外的生活。我们向他传达了这样一个信息，完整的人生并不只有养儿育女。这样，等他长大成人后，也会帮助社会上的其他人。

妈妈下午茶

“妈妈，我为你感到骄傲”

我有位很了不起的朋友叫劳拉。她从百忙之中抽出时间，在一个流动厨房当志愿者，还多次组织当地餐馆募捐；她还参加了好几个学校的委员会，是“危机处理中心”的董事会成员。当然，这些社会活动是逐年增加的，因为在孩子很小时，妈妈根本没那么多空余时间。

她把今年母亲节时儿子送给她的贺卡给我看了，上面写着：“妈妈，我为你感到骄傲。因为你不但为我们家付出了那么多，而且还热心帮助了那么多人。”我认为，劳拉所做的一切既是为了她自己，也是为了他人。因为她给他人生活送去希望的同时，也丰富了自己的人生。

不妨想想看，如果有人让你摘掉所有与妈妈这一身份有关的头衔，以别的头衔示人，你会给出什么样的答案呢？你担任了多少其他职务呢？你又如何展示自己作为女人的完整性呢？除了做母亲外，你用什么来滋养心灵世界？当我们努力平衡自己作为女性的各个侧面时，你是否记得从小处着手，重新展示女性的魅力？你是如何关爱自己的身体、精神和心灵的？

当你回答上述问题，填写空白时，你会发现这些问题其实可归纳成一点，那就是如何在女人和妈妈这两个角色间获得巧妙的平衡。

上班族妈妈不必感到内疚

如果我们拥有一份热爱的工作或事业，那么有了孩子之后就会变得纠结，因为毕竟孩子对我们来说是最重要的。面对事业与孩子，我们总会有些矛盾和内疚。身为妈妈，同时又要为事业奋斗，我们必须学会协调好多种事务。有时选择工作，是因为我们热爱它；但更多时候，你别无选择不得不工作——为了让家人生活得更好。

即使做个自由职业者在家办公，能听到门外孩子的呼唤，不时照看一下孩子，我们也还是会像早出晚归的上班族妈妈一样痛苦。因为一旦把孩子留在门的另一侧，不管什么门，我们都会感觉孩子和我们一样若有所失。

有研究显示，从长远角度看，上班族妈妈的孩子会在多方面受益匪浅。他们所获得的好处并不会比那些全职妈妈的孩子的少。所以，不管我们是否能够常常陪伴孩子，都不必有负罪感，也不必理会他人的评头论足。因为一旦产生负罪感，我们就很难当个好妈妈或者好员工，负罪感并不能让形势发生好转。

问题的关键在于不管在哪儿，如果我们对工作投入百分之百的精力，就要对孩子也投入百分之百的精力，反过来也一样。如果不认可这样的选择，那就是对我们亲自带到这个世界的生命的最大的不负责。我们的选择与决定必须慎之又慎，不容有错，否则会落得痛哭流涕的下场，而眼泪终究是无用的。

上班族妈妈应该庆幸高科技给自己带来的福音：可以在特别想念孩子时，通过各种方式来缓解思念。手机和网络电话都是妈妈和孩子之间的绝妙沟通手段。我认识一些妈妈，每天都坚持与孩子一起共进午餐。妈妈们从办公室出发，孩子们从家里出发，一起会合。

在家时，请放下手机，放下工作，全心全意与家人在一起。负罪感很可能会像没有边际的大地般无限延伸，但妈妈们一定可以想出可行的方法应对这种局面。请不时提醒自己“孩子们一切都好”，你也一切都好。

做个性感“辣妈”

真正自信、无往而不胜的妈妈都会由内而外地散发光彩。很多人都说我随着年龄的增长反而变得越来越“辣”，每次听到这种评价我都感到很吃惊。我不太清楚他们说的“辣”指的是什么，但我知道自己活得很真实，不是生活在别的角色中，也不是生活在自己的意念中。我的生活其实没有发生什么翻天覆地的变化，我仍然为家庭奉献，但并不拘泥于此。

很多人对“妈妈”总有些狭隘的理解，认为她们素面朝天，一味自我牺牲，没有自由，也完全没有自己的生活。其实我的生活并不像人们想象的那样。我就是我，一直按照内心的真实想法而活着。

要由内而外地树立起信心，就需要有健康的体魄、幸福的生活和充沛的精力。其中很多关乎人生态度，有些则关乎运气。有时可能仅仅是把握好新机遇，或者选择更快乐的生活。

妈妈下午茶

学跳钢管舞的那些日子

几年前，我应邀参加了一个钢管舞舞蹈班，班里很多妈妈来自郊区。其中有一半是单亲妈妈，其余的则处于婚姻关系中或者稳定的恋爱关系中。我们之前都没有学过钢管舞，一想到大家对钢管舞的看法，都忍不住紧张地傻笑。然而，除了学习过程的艰辛外，这是我参加过的最有趣、也最有收获的课程之一。

其实，每个人的内心都住着一位狂野的舞者，把她的激情释放出来，你会发现一种别样的精彩。舞池的灯慢慢调暗了，房间里没有镜子。教练（她都已经当妈妈了）说，我们八个人要共用两根钢管。接着，我们就开始了。

该课程主要是把人的内在性感魅力激发出来，同时也能起到健身的作用。通过攀爬、旋转等肢体动作来加强上身的力量，紧致躯体，增强柔韧性。课程结束后，我的腹部前所未有的紧致平坦。我真正领会到女性臀部的魅力。我建议所有已婚女性都去学习钢管舞，因为它能全面增强女人的性感魅力。

如果钢管舞有些让你无法接受，那么考虑下别的舞蹈，比如肚皮舞、萨尔萨舞或者草裙舞等能彰显女性魅力的舞蹈。如果不想参加课程，就趁着家里没人时，和着乐坛天后仙妮亚·唐恩（Shania Twain）的《男人，我是女人！》（*Man! I Feel Like a Woman*）这首曲子偷偷跳舞。让做妈妈的你，放松一下，也放开一下。

做了妈妈也绝不能忘记自己还是个女人。不论你多大年龄，是否已婚，都要时不时激发内在性感。你的女性魅力会令你熠熠生辉，自我展现和自信会令你更加自尊自爱。舞出你妖娆的身姿吧！

克服经期综合征，走出情绪低谷

多数时候，我们像往常一样开始新的一天，但总免不了偶尔觉得有些“不对劲”。比如有时，我们的免疫力下降而轻易患上感冒，或者我们被各种琐事搞得焦头烂额。当然，有时只是单纯的荷尔蒙作祟，或莫名的情绪低落：患了经期综合征。尽管这些情绪起伏并不一定会损害你的美好形象，也无法阻挡你成为贤妻良母的脚步，但你还是得费些心思尽可能地去克服。

要游刃有余地掌控自己的情绪并同时操持好整个家，实属不易。与生俱来的母性，似乎决定了我们总是要把其他人照顾得妥妥当当之后才想到自己。

试想一下，我们有多少次给孩子精心准备了午餐，却忘记给自己制作一块三明治？有好多次，我都是在女儿吃完早饭上学后，把她们盘中的残羹冷炙当成自己的早饭凑合吃了。只要孩子开口，我们总会慷慨地让他放松休息，却总是忘记其实我们自己也需要偶尔喘口气。

睿智的母亲都知道要好好照顾自己，就像我们每次坐飞机时听到的温馨提示一样。我们总是被告知，万一需要用氧气面罩时，要首先给自己戴上，再帮孩子戴上。我一直觉得这有点违背人的本能。母亲的第一反应不都是首先想到孩子吗？

不过，很快我就意识到，事情不是这样的，因为如果我们自己先垮了，又何谈照顾别人呢。换句话说，我们首先需要活着。这个道理同样适用于家庭生活。也就是说，我们需要偶尔从繁重的家务中解脱出来，喘口气。

妈妈下午茶

特殊的日子，特别的妈妈

有时，我的丈夫理查德会出差，或者要一个人安静地创作，给自己休个小假，或是会有两三天时间跟他最好的朋友待在一起。我惊讶地发现，这通常是在我来例假前的一个星期。我总笑他是不是因为害羞而故意避开这段特殊时期。我会开玩笑似地对他说：“你故意整我的吧？自己乐得轻松去度假，把我跟孩子丢在家里，还让我独自一人承受经期综合征？我可不保证你回来时，家里是不是藏了别的什么人啊。”

当然，我只是开个玩笑。不过我必须承认，他不在的那些日子里，我确实承受着经期综合征的折磨而面临巨大压力。这期间，我的心理和生理都会失衡。我可能无法像平常一样心平气和、善解人意、淡定地应对压力。我会比较容易激动，甚至不可理喻。

所以，我往往会提前告诉两个女儿：“孩子们，妈妈今天可能会变成女魔头哦。很对不起，因为妈妈今天特别累，特别敏感脆弱，脾气也会比较急。如果我发脾气，你们不要放心上啊。”要是理查德在家，我也会提前告诉他。

他们都明白，特殊时期我会变得特别敏感。就这样，每个人都了解了情况；当我因为鸡毛蒜皮的小事而破口大骂时，他们也不会太在意。其实，在例假期间令我恼火不已的很多事搁在平时都算不上什么。

在情绪低落时，大可以适时地让自己放松一下。事实上，我甚至能够预感自己的情绪即将发生波动。我会尽可能地想办法事先安排好那一周的家务琐事，从而留出足够的空间自我调整。通常情况下，我会请个保姆，或者找孩子年龄与我女儿相仿的朋友做个“时间交易”，又或者提前做好饭，这样我就有时间静下心来，好好梳理下思绪。

我可以去远足，跑跑步，一大早起来冥想，也可以晚上洗热水澡放松一下。我会尽己所能做些实际的事，比如吃好吃的犒赏自己、好好休息、多喝水、多锻炼身体——尽管我觉得自己好像是在蜗行。时刻提醒自己，这不是“真正的你”，也能有效调节情绪。受经期综合征困扰的“你”是可原谅的。是的，甚至也是可爱的。

学会掌握自己的情绪周期，才能对症下药，防患未然。为舒缓自己的情绪而事先略微作些调整，有助于你和你的家人顺利度过那段焦躁不安的日子。

请记住，不论是谁，即便是最棒的母亲，也会时常控制不了自己的情绪。我们不要奢求自己永远心平气和，但我们能否迅速而平稳地走出情绪低潮，重拾理性和睿智，却成为我们心理是否健康、能否妥善照顾自己的重要指标。

想发火时，请先做个深呼吸

关于呼吸的重要性，我在很多地方都强调过了。这里要跟妈妈们探讨的是调整呼吸对舒缓心境的作用。我发现在我们开口说话前，进行深呼吸尤为重要。深呼吸能积极调动智慧，较为理性地拟定对策，有助于事情朝良性方向发展。在我的妈妈生涯中，我不止一次发现这点的重要性，尤其是当我被两个孩子惹恼的时候。孩子根本不懂得什么叫适可而止！

也许你也和我一样，有时真希望自己说话前能够三思。当然，光思考是不够的。实际上，有时候想得太多反而会加剧我们的恼怒，使我们受本能驱使作出反应，而非理性地应对。

要调控这些情绪，你必须调节呼吸，实现自我控制。下意识的呼吸过程，也就是副交感神经系统安抚思维脑神经的过程，能使大脑中控制情绪的那部分平静下来，从而把整个人带回理性状态。当内心的理智要求你镇定而聚精会神地应对形势时，下意识的呼吸确实有助于抑制过激反应。

我们常常看到自然界的动物在搏斗或惊飞时那种惊愕的模样。它们在发起回击前，会突然停下来，站得笔直，直到感到自己周身的力量。下意识呼吸的功能和运作机制也与之类似。即便是现在，女儿们带着问题、抱怨或困惑来找我时，如果我偶尔忘了停下来深呼吸，就会说错话，于是双方的谈话就会不欢而散。

谁都不想让事情变得更难办，也不想伤害别人的感情。为了避免这种局面，我会边听边进行深呼吸。有时，我会沉默不语，因为我知道女儿们此刻最希望的是有个倾听者。下意识的呼吸能帮助我调整心态，让我怀着爱和怜悯之心倾听。

于是，每当孩子们征求我意见时，我总要确信自己十分理智、平静且自信时才会开口，我不希望自己在恐惧或愤怒状态下给出意见。**恐惧时，我们总是给出直觉反应式的建议；而从关爱的视角看问题，我们给出的建议就是理性的。**当人感到害怕时，就会不假思索地以直觉反应式对待孩子，而调整呼吸能让人变得平静，并慢慢搞清状况。

对于呼吸的方式，很多人都没有多加注意，在此我也想把正确的方式告诉给各位妈妈。注意力集中到腹部，用鼻子吸气，使腹部膨胀。当你吸满时，胸腔也会扩张。接着，用口腔呼气，腹部会慢慢恢复原状，同时释放所有的紧张情绪。用这种方式呼吸数次，有助于集中注意力，让思维清晰，你就会相应调整谈话的语气。

在你的日常工作和生活中，如果感到不知所措或压力巨大，这种深呼吸练习也很有效。它的确能让你的内心更为平和，更理智，也更能用怜悯和关爱的视角去处理问题。

“我不是胖，我是女性美”

尽管已经做了妈妈，我们还是会凝视镜子，并在其中寻找未生育前婀娜的身姿。那样的身材时不时地在我们脑海中浮现。作为妈妈，该是时候修复自己的身材了。女人只有在懂得爱自己的基础上，才能培育出真正的自尊和自信，才能给予家庭更坚实的倚靠。所以，懂得自我呵护是我们给予家人最好的礼物。

少女时代，我为了减肥而节食。之后，我又花了好几年时间解决饮食不规律所导致的健康问题。作为两个女儿的妈妈，我对身材这件事情特别敏感。当我怀杰西的时候，我意识到自己不能把这个挣扎了这么多年的身体问题遗传给下一代。当年我因为媒体报道的“维多利亚完美身材的秘密”

而对自己的身材颇为苦恼，我不想让历史在自己的女儿身上重演。

事实上，在数字化的今天，照片被各种软件修饰，身材也可以通过电脑技术重塑，发型和妆容都可以通过专业设计重新塑造。原来，我们苦苦追求的美丽形象其实都不是真的，它已做了修改和润饰。

多年来，我终于愈合了年少轻狂时留下的创伤，身材也恢复了原状，我学会了接受自己的身体。我学会了赞美自己全新的女性曲线：臀部变宽了，胸部有些下垂——这表明我不再是少女，而是一个羽翼丰满的女人了。我吃惊但愉悦地发现，我居然觉得自己比以前更美了。因为女儿们总是把我作为她们的榜样，我努力不在她们面前谈起我的体重。如果我确实想诉苦，那就找闺蜜悄悄地谈。

为了身体健康，我放弃了节食。今天，我把“饮食”看做是为了维持健康和生命活力而必须吃的东西。而且，胃口好是身体健康的强烈信号，我真的很享受美食。我锻炼身体不是为了减肥，而是因为我想拥有强健的体魄，而且锻炼身体的感觉真的很棒。我扔掉了体重计，决定不再称重，这样我就可以关注力量和舒适度，而不是体重计上的数字。

我重视自己的外表，不是为了看着更年轻，而是为了找到我这个年龄最好的感觉。我很高兴看到自己的两个女儿都很美丽。她们都不曾像我年轻时那样为身材问题而挣扎过，为此我深感自豪。

我现在经常做一个很棒的练习，就是站在镜子面前，向自己的身体发送爱的信息。我高兴地接纳那些并不见得完美的身体部位，甚至学会了直视脂肪团，并把爱的信号发送到那里。我认为，**懂得自我欣赏的女人最美丽。**我赞美自己的女性美，欣赏自己的曲线，并对自己说：“我不是胖，我是女性美。”

告诉自己：“你已经足够好了！”

当我开始写这本书的时候，有种巨大的失落感和淡淡的负罪感。女儿们已经长大，那些我以前没来得及做的事也再没有机会去做了。（这种漫无边际的想法一直不停冒出来：比如我以前该多为她们烤些面包的！）有一个见证我抚养孩子长大全过程的朋友，对我说了一句话："克瑞丝，你是一位伟大的妈妈。我想你已经忘记了你当时做的那么多事情，那些正确的决定。你现在只是开始了选择性回忆罢了。"

不幸的是，很多女人总是用一双苛刻的眼睛盯着生活中那些犯过的错误和需要改进的地方，而忽略了那些正确的、美好的事情。

与其花时间为一个小错误或没有做好的事情后悔，还不如去做一百件正确的事情。毫无疑问，你已经是一位尽职尽责的妈妈，甚至可能还有点过于完美主义了。请告诉自己，你已经够好的了。

这并不是说我们要放弃完善自己。生活推着我们一路向前，不断进步，从某种程度上意味着改善我们的生活。作为女人，我们也需要对自己施以慈悲和同情，就像我们经常给予别人的那样，在完成一项漂亮工作时也该好好犒赏下自己。

我们在生活中扮演着多重角色：妈妈、女儿、姐妹、职业女性、朋友等。我们要继续不停地扮演这些角色，应对和处理每个角色带给我们的诸多挑战。重要的是，要时刻记得我们是凡人，生活不仅仅是由各种记分牌和数不清的清单组成的。

另外，要相信自己一定是孩子最理想的妈妈。事实上，妈妈是上天注定的选择，冥冥中自有天意。你的孩子比世界上其他任何人都更需要你。对他而言，你就是独一无二的，反之亦然。你们互相属于彼此，你一定会竭尽所能关心照顾他长大成人。

我敢保证，如果你总是灰心丧气、自责不已的话，是很难确保为孩子们提供一个更好的童年或未来的。记住，要以更广阔的心胸来看待生活，看到那些充满爱、感情及关心的画面，而这些都是你提供和创造出来的。作为一个好妈妈，没有什么比得上给孩子提供一个完美的童年或可爱的复活节小兔子更好的了。

但生活给我们的挑战就是，看生命如何在其漫长过程中将种种不完美庄严地展现。做最好的自己就好，做好自己远比成为一个死板僵硬、一成不变的完美者要更加有意义。更重要的是，我们付出的爱远比其他任何事情都值得记忆。练习对着镜中的自己宽和温柔地说一句："我已经做得够好了！"要明白你不是超人，不可能无所不能。只要学会接受现在真实的自己，就可以敞开心胸接纳生活中的其他人了。

改变那些不利于健康的小习惯

我住在北加州，周围都是十分关注健康的朋友们。他们有各种有关保健和维生素补品的最新消息。我已经努力保持健康了，但最重要的是我视健康为头等大事，而且下决心要做一个虔诚的学生，一生都学习这方面的知识。跟其他很多事情一样，保持健康需要不断实践，你必须对这件重要的事感兴趣。

几个月前，一位朋友向我推荐了一篇文章，上面列举了据说会致癌的各种各样的环境因素。清单上的一个物品引起了我的注意——塑料水瓶，如果落在车里，受热分解会产生毒素。之前我只知道用塑料瓶装水不环保，根本没想到它还会危害我们的健康。

作为妈妈，孩子依赖着你，爱着你，如果继续做对健康不利的事是种不负责任的表现。所以，你应该开始戒烟；你应该要积极锻炼，远离不健康食品；你应该知道自己每天作出的选择，日积月累，会延长或缩短你的寿命；你应该知道保持身体健康是一个长期的使命，需要每天都遵循健康的饮食习惯。

现在，我会多花上 10 秒钟来倒满我的不锈钢水杯，而不再使用塑料瓶。为了保持健康，我愿意改掉一些不良习惯，这首先是我欠自己的，也是我欠那些爱我的人的，对你来说也一样。为了选择一种合理、健康的生活方式，每天我都会做一些事情，比如合理膳食、运动规律、服用维生素、大量饮水以及充足休息等。我还打算每月实施一项新的健康计划来提高我的免疫力，改善我的健康状况。既然我现在已经放弃使用塑料瓶装水，我也打算寻找不添加防腐剂的产品，改用天然的香波、化妆品、保湿产品和牙膏。我还计划换掉一些家用清洁产品，购买那些不含化学药剂或者漂白粉的产品。如果我每个月都进行一项新的改变计划，或者从我的饮食或生活环境中删除某种有害的食物，或者养成一种有益的习惯，那么当我知道可以控制自己作出更健康的选择时，会变得更加自信。

我正在尝试不同方法，比如阅读健康方面的研究报告、书籍和出版物等，以寻求最健康的生活方式。俗话说得好：“有了健康，就等于拥有了一切。”我最深切的愿望是继续保持健康的身体，直到儿孙绕膝。

Chapter 7

享受难得的“妈妈咖啡时光”

要同时成为尽职的妈妈、理想的配偶和能干的员工，可不是件容易的事。当各种压力纷至沓来，妈妈们该如何自处？给自己机会放松休息，好好呵护自己的身体。要知道，只有你健康快乐，你的家人才会健康快乐。

在清晨留出一段“清净时光”

“给自己留点时间”，听起来像是陈词滥调，但对于今天的女性来说却极其重要，因为她们总是为事业和家庭生活忙得团团转。可能你也像我一样，在开始要撑起整个家的时候，不止一次地担忧：“在这样的复杂局面中，我该身居何处？”

在你的家庭中，你就是一切事情的源头。在忙得不可开交的日子里，要挤出一点空余时间的确需要些窍门，**但花点时间充实你自己的精神世界却是头等重要的大事，因为这有利于整个家庭的幸福。**

用“吃力不讨好”这个词来形容为人父母这项工作，是最恰当不过了。我们的工作永无止境，一天二十四小时，每周七天都担负着沉重的责任。与此同时，我们还要努力成为理想的配偶和能干的员工。我们四面出击，不敢有丝毫的松懈，而且这还是一场马拉松式的持久战。

人生命中有四分之一的时间用来养儿育女，这段时间恰恰也是人生最美好的年华。此时我们精力充沛，各方面能力到达巅峰。我们力求面面俱到，处理好每件事，希望把每个角色都演绎得最好。而要做到这一点，你必须为自己创造点空间来滋养自己的心灵世界，并且让它成为你一天中最有意义的时光。

我一直认为，每天早晨那段短暂的“清净时光”对女性来说尤为宝贵。那时，你可以暂时忘却所有的家庭琐事，尽享片刻闲暇——屋内温馨的灯光与窗外的日出交相辉映，涌入的清新空气仿佛还带着露珠的温润。在这样平和的氛围中开启每一天，是件多么美妙的事！不管你的孩子多大，你都可以为自己留出点时间和空间，沉思、漫步、手持一杯刚煮好的香醇咖啡阅读报纸，或者哪怕只是静静地欣赏日出也好。这份愉悦的心情会伴随你一整天，滋养你的心灵。

妈妈下午茶

每天早起一小时

我通常都会比家人至少早起一个小时，做自己喜欢做的事，这个方法很管用。我会静静地坐着，偶尔啜一口醇香的咖啡或者茶，身心备感宁静。接着，我会花几分钟时间，伸展肢体，然后读书以充实自己。有时我会听着轻音乐冥想沉思，有时还会留点时间思索那些我无比感恩的事。

之后，我会拿出笔记本或者手提电脑，记录我这一天该做的事，这有助于我理清思绪，平静地迎接新一天。有时候，我还会写写日志，探访自己心灵深处那个宁静的角落，因为它陪伴着我度过了无数青葱岁月。有时候，我干脆什么都不做，只静静地坐着发呆。如此循环往复，任阳光洒进心田，也带走一切紧张烦躁。

这种大清早的仪式能提醒你，每天都是欢快的，充满了无限的可能性。当阳光赶走夜的黑，万般精彩就会刹那绽放，这是一个反省和沉思的时刻。你可以充分思考，并且感受到这份宁静迸发出的力量，支撑你走过每个日子。当家人们都陆续起来的时候，你就可以用饱满的情绪和感恩的态度面对一切。请记住，**爱自己，滋养你的心灵就等于爱你的家人，而最好的方式就是释放心中的美，以此来开始每一天。**

累了，就“中场休息”一下

在这本书里，我写了许多应对少年和青少年的建议。但最让妈妈们身心俱疲的，是孩子幼年及上小学那些年。

最近，我陪外孙在操场玩的时候碰到一位妈妈，就与她聊了几句。她有三个孩子，最小的十八个月，最大的才不过六岁。她向我诉苦说，她每天连喘口气的工夫都没有，因为稍大一点的两个孩子都不睡午觉了。

我对此颇有共鸣。当初我的两个女儿稍稍长大、不再睡午觉的那段时间，我的处境也同她一样。我发现，如果我一整天都不休息、不调整，那么傍晚时就会变得脾气暴躁，像个筋疲力尽而乱发火的小孩。

那时候理查德经常出差。他不在的时候，我的耐心似乎很难持续到晚上，因为我确实是疲惫不堪。但是，只要给自己一个喘息的机会小憩一下，好好打个盹，沉思一番或者只是两眼放空，都能让我恢复活力，保持理智。

所以，每天下午两点左右，我都会休息一下，发一会儿呆。那时候，我的两个女儿分别是四岁和六岁，仍然需要我在身边照顾，但不需要全天候盯着。我为她们设计了各种小游戏，从图书馆借来图画书，或是布置些简单的任务或谜题，放段录像等，让她俩一起安安静静地玩。

需要补充说明的是，当长到不需要睡午觉时，孩子也能听懂一些简单的指令了，这也算不幸中的万幸吧。稍大些的孩子能帮忙看着弟弟妹妹，会在需要时叫你。千万不能让太小的孩子独处。所以，妈妈还得等孩子稍微长大些才能有中途休息的时间。

妈妈下午茶

请勿打扰，妈妈休息中

我的卧室外面有一片很宽敞的露天场地，我铺了一块地毯，上面放着几个柔软的抱枕。孩子们见到地毯铺开，就知道妈妈要休息一会儿，就会乖乖地到地毯上玩。然后，我就关上房门，闭目养神二十分钟左右。

等我再次出现时，女儿们就会特别开心，因为此刻我已养足精神并对她们笑脸相迎了。她们知道，我开门出来，就会有惊喜，会一起唱支歌，伴着音乐跳舞或者去公园玩一会儿。接下来的时间是个崭新的开始。

还有我的一位朋友家里有三个调皮捣蛋的儿子，最大的十四岁，最小的七岁。被三个小鬼折腾得疲惫不堪的她太需要休息了。每天准备晚餐前，她都会回到卧室戴上耳机，在房门上挂一块牌子，上面写着："请勿打扰，休息中。"这时她的孩子们就会心领神会，如果这时候打扰妈妈，或者相互打架，后果可是很严重的！对于稍大一点的孩子，这个方法可谓屡试不爽。

妈妈的"中场休息"相当于给自己一个机会，关闭发动机，补给燃料，才能在接下来的时间中储备充足的动力。此外，这也是给孩子作出表率，向他们展示自我爱护有多么重要。要动脑筋找到一些小诀窍、小方法来获得内心的平和，用足够的耐性面对现状，从而实现身心平衡与家庭和谐。如果你每天都被各类工作杂事压得喘不过气来，而没有休息时间而显得垂头丧气，那么中场休息是你保持身心健康、恢复生机活力的必由之路。

在家中找个专属于你的精神栖息地

任何地方都无法与"家"相提并论。我至今依然清晰地记得，刚上大学那年第一次回家时的那份雀跃心情，感觉既温暖又安心。家，是养育我的安全港湾，是我此生永远魂牵梦萦之地。我对家始终怀有深深的留恋，并将这种情感传递给了我的孩子们。

每一个妈妈都是家的灵魂，家中的一切都围绕我们展开，承载着无限的人生意义和情感。这里不仅是家人吃饭、睡觉的栖息地，还是整个家庭茁壮成长的沃土。家中的那些漂亮装饰，包括艺术品、织锦、家人外出旅游带回的纪念品和祖祖辈辈留传下来的传家宝等，都是我们创造的美妙生活和心中愿景的真实表现。

我们家中可以有一个个独立的小空间，因为全家人既是不可分割的整体，又是各有特点的个体。孩子可以开辟独立的游乐空间，或按照自己的创意装饰冰箱，孩子爸爸可能也有属于自己的休闲地。

所以，我建议你也能为自己找个精神家园。利用自己的创造力，把家具微调一下，在房间里隔出一个小小的空间，放张桌子，然后在地上放一个靠枕，以便在冥想时使用。其实，你的独立空间在哪里并不重要，甚至可以在浴室。关键的是，**不管你选择哪儿，它都必须是专属于你的私人空间，你可以在此慰藉自己的灵魂。**

妈妈下午茶

车库里的私人空间

我有一个女性朋友是自由工作者。她把车库改成了工作室，还放了一台跑步机和小电视机，相当于把这儿打造成了自己的私人空间。空间的一角放着孩子玩过的玩具和已经穿不了的衣服，地上铺了地毯，放了一张写字台，她的作品整整齐齐地摆放在上面。画架独立支着，旁边还放着她的颜料盒。她还在从旧货市场淘来一张旧沙发，摆在屋子一角，营造出一股别样的怀旧气息。

我们不必都像她一样，毕竟很多人家里都没有这么多额外的空间。如果空间实在太小，不妨想想怎么为自己创造虚拟的私人空间。一台笔记本电脑能带你畅游世界各地，当然也能带你进入某个神圣的殿堂。你完全可以像在真实世界中一样，按照自己的意愿成为那里的主人。不论你有多么精明能干，都需要在家里为自己再开辟一个“家”。不论你把这个“家”选在何处，都要让它成为你的避风港和值得永远留恋的精神栖息地。

用特别的“仪式”寻求心绪的平静

安抚心绪这件事，并非要等到生活中所有事都接二连三地发生才需要去做。作为妈妈，我们要预先营造这种心境。只有这样，我们在万事缠身的时候才能泰然处之，而要达到这种境界，需要我们格外用心历练。

要做到心绪平静，意味着要摆脱担忧、恐惧、焦虑等不良情绪的羁绊，避免外界纷扰侵入心灵的圣土。要想在心中培育起这方静谧的圣地，需要每天进行约十分钟的练习。如果你起床和入睡时都能进行十分钟的练习，那就更好了。

我是这样建议的：为自己发明一种特别的“仪式”,比如每天早上起来，冲泡一杯可放松身心的热饮。回到床上，也可以到一个安静的房间、角落或某个属于你自己的空间，舒舒服服地坐着慢慢喝。注意你此刻的心境，是放松平静，还是焦急慌乱，抑或生气、伤心或紧张？不论何种情绪，你只需就这么坐着，呼吸，同时如实释放你的情绪。

前文我们已经探讨过如何进行深呼吸。闭上眼睛，迎着晨曦做十次深呼吸，尽量延长呼气时间，以更好地排出焦虑和紧张感。想象自己正倚靠着一棵大树,在树底仰望那伸展的树枝；想象大树为你挡住了所有的烦恼和忧虑，去除了你的紧张不安。继续深深呼吸，直到你觉得踏实放松，觉得心静如水为止。记下你此刻的心情，告诉自己不论以后遇到什么，都要尽量保持这份淡然的心情。当这一天结束，你准备睡觉前再重温这个仪式。

将这个简单的冥想仪式变成自然习惯，你每天都能随时返回这种平静状态。你无需再四处搜寻这种心境，它就一直藏在你心灵深处的一方圣地中。

过个养精蓄锐的周日

年轻时，我有些工作狂的倾向，恨不得自己是根两头都能燃烧的蜡烛。印象中，好像非要等到得感冒或是其他病时，我才肯停下来休息。然而，这种带有自虐倾向的工作模式对拖家带口的我来说，已不适用。作为妈妈，我明白，事先养精蓄锐不让自己走到崩溃边缘，对一家上下的健康和安宁都至关重要。随着时间的流逝，我认识到自己也需要有个休息日，这就是我“养精蓄锐”的周日。

妈妈下午茶

别等到生病之时才休息

好多年前的一天，理查德刚好出差在外，而两个女儿分别才六岁和三岁半。我当时觉得自己太累了，很想躺在床上好好休息，看看书。可是，最终我还是醒来了，高烧将近40度，嗓子疼，几乎不能下床。

生病本来就够惨的，而一个孤立无援又生病的妈妈是最惨的。我勉强把自己从床上拽起来，继续照顾孩子的饮食起居。但两天后理查德出差回来时，厨房变得狼狈不堪，烤饼碎屑到处都是，台子上放了好几碗喝剩的牛奶麦片，电视机也出了故障，孩子们也很邋遢。可见，就算生病也不能这么休息。

在我还没有孩子的时候，我就算生病了也还可以将就着照顾自己，但现在我已明白，**照顾自己或家人，是没有办法“凑合”的。**于是我决定在自己彻底垮掉或生病前注意休息。我特意给自己安排了“养精蓄锐”的时间，好好休息一天或至少半天。这时，我可以堂而皇之地关上房门，安静地呆着，或者睡觉，或者打个盹、冥想、看书、听音乐、看看经典电影。对我而言，意识到自己也需要休息，告诉自己不要非等到生病才肯休息，是一种顿悟。

家人都知道，星期天是我的休息日。那天，理查德负责处理家中大小事务。家人要么像我一样休息，要么各找乐子。星期天是我们全家养精蓄锐以更好投入日常工作的日子。这种休息可以增进家人的感情，获得必要的放松，让紧绷了一周的弦因此松弛下来，生活也变得更加和谐。

去吧，好好地哭一场

我知道这样一个真理：做个开心的人，并不意味着一直都乐呵呵的。我还认为，幸福并不代表每时每刻都拥有一份狂喜的心情。幸福应该是指人能迅速摆脱情绪低潮，风度优雅地处理好人生中的大小事务。有时，幸福只需要你改变看待问题的视角，而不必苦苦追求得不到的。

人们常说，成就感存在于旅行的过程，而非目的地。人生旅途充满各种起伏波折，需要我们有坚忍不拔的意志，同时也检验我们的能力。这也让我逐渐认识到，适应生活的变化是过上快乐生活的最重要素质。而这种素质的外在表现之一，就是自如地收放自己的情绪，即自由地表达内心感受，而无需刻意压抑。

然而，我常常发现，让自己痛快哭一场，好像也并不容易。即便我很伤心，知道自己该哭出来，可最后也也会自动将泪水化解。我们都有应对心痛和悲伤的方法，但有些方法其实并不利于身心健康。我有位朋友曾遭遇婚变，与自己青春期女儿度过了人生中一段极其灰暗的时光。她告诉我，熬过那段艰难日子，最后摆脱痛苦，完全是靠“疯狂购物疗法”。

我有幸担任非营利组织“挑战日”的董事及其全球领导委员会委员。该组织旨在让每个孩子都感觉安全、受关爱、被关注。孩子们可参加培训班，做“心理练习”，志愿者帮助他们重新进行情绪训练，提供情绪宣泄渠道。

“挑战日”的老师教给培训班学生的重要一课是，哭有利于健康。哭能够发泄不良情绪，让身体趋于平静，重新恢复生机和活力，作用跟睡觉相似。我们不能硬撑着不睡觉，就像我们不能遏制痛苦和挫折。我们要学会释放。这一点也适用于妈妈们。

妈妈下午茶

我多年来的第一滴眼泪

我在参加培训班时发现，我的朋友伊冯娜随时都能哭出来，而我总是憋着哭不出来，我很自然地将眼泪忍住，就好像孩子硬撑着不愿睡觉一样。课上，我与她搭档做一个练习：我们先从帽子里抽出一个单词，然后示范抽到的单词。

当我抽到“脆弱”这个词时，伊冯娜笑了。轮到我时，我抓住她的手，把她拉到教室中间。我举起伊冯娜的手，请她先示范“脆弱”，接着我照做一遍。我们闭上了眼睛，我待在那儿，她引导我的情绪，然后我们一起哭了，那是多年来我第一次流泪。

我知道，幸福就在我心中，我可以随时叩开幸福之门，你也一样。**如果我们能适时放任自己，包容自己的情绪，哪怕是低落、消极情绪，那我们就会渐渐体味到幸福了。**我向你保证，我每天都会有不开心的时候，但我不会回避消极情绪，相反，我会正视它，让它汹涌而来。我不再抗拒，它也就会像风中的尘土一样，慢慢褪去。于是，这个坎就算过去了。眼泪是妈妈们的朋友，因为它会帮你释放挫折和压抑。

我发现，让自己好好哭一场，甚至偶尔哭到崩溃，其实是扫除困惑、重新找到生活重心的最快捷方式。眼泪，就是这么不可思议。它能治愈你的伤痛，如实反映你的情感，让你更好地感知生活。

每当听到某位女性说“我太容易流眼泪了”，我就会无比羡慕。作为妈妈，我鼓励你时不时地痛快哭一场。有时，你知道自己哭泣的理由；而有时，你只是莫名其妙地情绪低落。如果心情真的不好，那就随心所欲地发泄吧，不要刻意回避。当你痛快发泄后，心情就会恢复平静，你就会觉得畅快无比。哭并不是弱点。事实上，眼泪会指引你发现内心潜藏的勇气和智慧。请记住“一切都会过去”，因为眼泪能让你重回快乐时光。

深呼吸，找到你的“能量垂直线”

呼吸如此简单，但奇怪的是我们很多人却经常把它“忘记”了。但是，你的大脑需要氧气，就像植物需要水一样，呼吸可以带来清晰的思维，缓解焦虑，减轻压力。在冥想和瑜伽中，呼吸是基础，能带我们进入神清气爽、洞若观火的境界。

据我所知，呼吸是直达内心的最简便、最直接的方式，我称之为“垂直线”。垂直线是由上而下的能量线，是我们赖以生存的能量中心。在垂直线左端，你可能会被过去的事件分神；在垂直线的右端，你又可能因为对未来考虑太多而感到害怕或担忧。但当你找到垂直线，就会觉得无比踏实。这里充满爱和善意，我们希望从这里出发，与孩子沟通，既心平气和又不失父母的权威。

我们都知道生活中免不了会有压力，也很容易被小事触怒。这种压力和愤怒会日积月累，直到有一天我们真的爆发了。照顾孩子需要无穷的精力，我们很容易就会失去耐性。当孩子们互相扭打成一团时；当他根本不听你的话，不按照你的要求做时；当下午五点你已经筋疲力尽，却还要做晚饭、洗澡，哄孩子睡觉时……这一切的一切真的很容易令人崩溃。

在忙忙碌碌的生活中，我时而疲惫不堪，时而偏离航向。实际上，我也有混日子的时候。面对有些情形，我也会害怕、愤怒，而忘记寻找自己的垂直线。所以，当我觉得难过、生气、疲惫、愤怒时，就会深吸一口气。这个策略简单有效，就好比电脑的复位键（Reset）一样，能让你的思路恢复清晰，从而作出得体的反应。

说话之前的呼吸有助于理顺条理，组织语言；而呼吸一下所获得的宝贵休息瞬间，又能帮助你整天都保持内心平静。让我们来重复一下这个技巧：将舌头放在上颚，吸气时保持不动；慢慢吸气，让肚子尽量膨大；然后，把舌头放在下齿根部，轻微张嘴呼气；呼气时让空气在嘴巴处发出呼声；深深吸气，然后用更长的时间呼气；做三遍，然后屏住呼吸几秒钟。这样能让你重新恢复活力，保持沉着冷静。

这一启动“复位键”的策略，可以让你从纷繁复杂的琐事中抽离出来。虽然短暂，却弥足珍贵。它有助于梳理情绪，从容应对各种场合。

与身体和谐相处

妈妈需要照顾好自己，这一点非常重要，再怎么强调都不为过。健康妈妈很明白只有在自己身体舒适、体格强健的时候，才能由内而外散发真正活力，也才更容易感到快乐。所以说，健康妈妈才是活力妈妈。

我一直认为生活方式是可以选择的。对我而言，同自己的身体相处是一趟旅程。在我青少年时期，身体时不时地会折腾一下我，最终才迎来了成熟。作为女人，尤其是年轻妈妈们，懂得和自己的身体和谐相处，才能做个活力妈妈。

我鼓励你做个身体检查，并对自己的精力状态了如指掌。如果觉得最近精力不济，试着对自己的状态做一下评估。比如，最近睡眠充足吗？饮食合理吗？锻炼充分吗？饮水足量吗？有条件的话，坚持每年一次体检，包括血检、乳头分泌物涂片、乳房X线照片。当然，每月的乳房自检也是极为重要的，哪怕你自我感觉良好也还是要进行。

通常，我们会认为身体为我们工作是理所当然的。当我们还年轻时，不管如何“虐待”自己的身体，它都能很快恢复。不妨设想一下，我们的身体是一部车，带我们奔驰在人生之路上。如果要给这部车加油，你肯定不会给它加普通的无铅汽油，因为这么做会损害它，也无法让它达到最佳表现。

身体也一样。我们必须给它所需要的东西，它才会达到最佳状态。所以，我们要吃健康食品、去除食物中的毒素，劳逸结合。行程安排过满时要分清轻重缓急，这样才能保证身心健康。

我的个人策略包括检查、平衡和节制。和别人一样，我偶尔会破例。在节假日或者社交场合，我会比平常多喝一点酒，多吃一些食物。然后，在随后的几天便进行“补偿”。我会吃得更清淡，加强运动量，从而让身体状态保持正常水平。

与身体和谐相处，就要认清自身体质。但归根结底，我将之归因于习惯，包括持续的锻炼、适量的瑜伽、伸展一下筋骨、平衡饮食结构等。我也吃维生素补充剂，观察自己摄入了多少酒精、糖分和蟹肉，同时拒绝加工食品。我会确保身体所需都得到满足，但偶尔也会放纵一下自己对甜食的热望（尤其是黑巧克力）。生活也需要有点乐趣，不是吗？

照顾好自己的身体，保持健康是一生的事业。虽然你的孩子还无法养成你的习惯，但他一定会以你为榜样。某一天，他会以你的生活为蓝本，并实践你教给他的行为准则。我孕育了两个孩子，虽年近半百，却仍然前所未有地健康。我很想带着这种状态和活力同我的外孙共享天伦之乐，然后拥抱人生之旅中这段开心愉悦的生活，并绽放内在活力。这一切与实际年龄无关。

给自己一点“放风”时间

我真的十分鼓励你把握那些忙里偷闲的日子。我们都会被许多日常琐事缠身，没有什么比日复一日做着同样的事情更让人感到崩溃的事了。我也经历过那种日子。而当再次遇到这样的时刻，我知道是时候变“生存”为“生活”了。

生活的重点并不在于你做什么，而是在于你每一刻的心态。陷入重复的泥潭，有时候会摧垮一个人的精神。这时，生活会变得像个压路机。

妈妈下午茶

一个妈妈忙里偷闲的电话

我有一个朋友，四个孩子都还不满十四岁。有一天，她打来电话，为没能时常联系我而向我道歉。她解释说："我感觉我每天总是不停地做这做那，真是不胜其扰。我想我需要跳出来一下，那样我才可以继续回到原来的生活。然后，我可以重新享受与孩子们共度的时光，重新拥有自己的生活。"她这是以退为进。

在杰西和肯娜还小的时候，我和理查德就想践行这一条，因此我可以时不时地在周末探亲访友。当时我的朋友丽莎还没有孩子，但我已经深陷为人母之苦，每日忙着照顾学前儿童和蹒跚学步的小宝宝。我意识到自己已被日常琐事所困，感到快要窒息了。所以，适时跳出原有的生活可以让我从容歇息片刻，喘口气。当我重新回到家里，就会感到如获重生，精神百倍。

从你的生活中暂时放松解脱一下，说不定就会有"柳暗花明又一村"的感觉。给自己一点"放风"的时间。当你重新回到生活中开始原来的工作时，就会有一种全新的视角。你会身心愉悦地投入生活，如获新生。

从"妈妈帮"里获得支持

如果你一直与一群情投意合的妈妈为伍，多与她们交流心得，那么你也很快就能成为好妈妈。妈妈们之间很容易相互启迪，就好比艺术家能从多种渠道获得灵感一样。毕竟，大家都在实践生活和为人父母这门"艺术"。要努力与其他妈妈建立定期交流的平台，这有助于营造一种互助、互信的氛围，可以彼此分享经验教训，也能排解郁闷。

前几天，我刚刚拜访过一个"妈妈帮"，发现这类群体能为女性带来很多快乐。妈妈们聚在一起时，可以津津乐道与孩子们之间的“恩恩怨怨”。而在平时，这些经历恰恰是让妈妈们感到落寞和沮丧的。我在一旁听着她们侃侃而谈，话题五花八门，从孩子长牙、惊梦、咬乳头到尿布导致皮肤过敏等。每位妈妈都看过不同的书，可以分享处理某些具体问题的妙招。

很多初为人母者往往因为在公园或儿科医生那里偶然闲聊了几句，觉得相见恨晚，于是就建立起了“妈妈帮”。她们也可能通过朋友的朋友的介绍、图书馆的公告栏或者社区中心的衍生服务项目等途径找到对方。我觉得，这些妈妈的孩子们最好年龄都相仿。当然如果有些孩子的年龄偏大些也不错，因为这些妈妈就是“过来人”了。“妈妈帮”中的人最好与你有共同的价值观和相似的生活方式。

拥有自己事业的妈妈可能更想加入由职业女性组成的“妈妈帮”，这样就有很多共同话题可以探讨，比如找日托、相互帮忙轮流照看孩子、如何通过时间管理抽出更多的时间陪孩子，或者为自己腾出更多时间等。凡是我接触过的妈妈们都认为，其他有相同处境的妈妈们的支持和帮助令她们颇受鼓舞，保持乐观积极的心态。

妈妈下午茶

从别的妈妈那里寻求育儿好点子

在我所参加的“妈妈帮”里，有位叫卡伦的妈妈告诉我，她照看女儿艾米莉的方法就是从另外一位有工作的妈妈那儿学的。女儿们越长越大，不再需要睡午觉，这让她们有些发愁因为她们已经习惯于中午有两个小时的空闲时间。不过很快，她们就想出了“安静的玩耍时间”作为解决办法。小家伙们每天从托儿所回来后，中午先与妈妈美餐一顿，然后乖乖到自己房间，与洋娃娃玩过家家。

通常情况下，我们不可能刚好有七大姑八大姨住在附近。多数时候，我们的朋友才是最常见的外援。不论你置身何种情形，我都希望作为母亲的你身边能有一群志趣相投的妈妈。有一个能相互扶持的团队真的至关重要。抚养孩子确实需要耗费大量的精力，我衷心希望你尽快找到坚强的后盾。

慷慨地赞美其他妈妈吧

记得生下杰西和肯娜后，我对理查德说：“女人生孩子真是件最了不起的事！”而几年以后，我才意识到生孩子只不过是最简单的部分而已！

做妈妈是一项全天候无休止的工作。没有病假，不准休假，也没有私人时间。不管有没有配偶帮忙，这项工作都需要有非凡的韧性、耐性，要求有创造性解决问题的能力、高超的倾听和沟通技巧、旺盛的精力、极高的情商，更别提料理好家务、洗衣做饭之类的基础技能了。我们得到的报偿是内化的（看到孩子长大时的喜悦），但却很难得到别人的认可。所以，将心比心，慷慨地赞美其他妈妈所取得的成就就显得尤为重要了。

我指的不是妈妈们在母亲节收到儿女送来的贺卡鲜花。我所说的是，作为女性我们在平日里应该要为彼此加油打气。尽管我们可能兴趣不同，处境各异，但每位妈妈与另一位妈妈的相遇都能成为彼此庆贺的机会，因为我们共同经历着做妈妈的甘苦。

你能给另外一位妈妈的最好礼物，就是发现并告诉她她是一位多么棒的妈妈。我自己的女儿如今也已为人母，总会发短信告诉我，我是一位伟大的母亲，永远都是。每每此时，我的脸上都会泛起微笑，心中荡起阵阵暖意。同样，当我与她在一起，看到她把我的小外孙带得那么棒，我也会不停表扬她。再也没有比得到另一位母亲的肯定更让妈妈们感到欢欣鼓舞的事了，特别是你自己妈妈的肯定。

我发现好多朋友都无微不至地照顾孩子，每天都想方设法把家里打点得妥妥当当，把家人都照料得舒舒服服。我总会抓住这些细节，赞美她们：

“哇，不知道你有没有注意到，你真是位很棒的妈妈。你居然能一直保持快乐心情，在忙着做饭和监督孩子做作业时都能表现出极大的耐心，我真的好佩服。”

我还欣赏她们为丰富孩子生活而想出的很多有趣创意。有位朋友在孩子生日那一天给了特殊待遇，用新鲜甜瓜、草莓和菠萝制作了水果烤串，为生日派对准备了健康甜点；还有一位朋友手工制作了家庭相册，记录了全家人在重要节日、旅行以及暑假时的美好回忆。她让每个孩子都记录其中一天发生的事，简单描述那天的活动。周末时，全家人投票选出最好的一天、饭菜、活动以及最有意思的时刻——所有这些都被收录在相册的最后一页。

朋友的这个好主意不但保存了全家人的回忆，还让孩子有机会参与其中，学会承担部分责任。赞美其他妈妈，就是要学会观察，发现妈妈们做得很出色的事。

赞美其他妈妈的同时，你会惊讶地发现这对你自身也有很大好处，因为你或许不会再像以前那样抱怨妈妈这项工作太辛苦太无趣了。我们赞美他人的简单举动，也对我们自己处理问题起到帮助作用。我一旦发现朋友们抚养孩子方面的有益经验，总会情不自禁地模仿，运用到自己的生活中。我们总是从他人身上看到自己的影子，从而引发共鸣。通过观察和赞美，我们可以了解自己有多伟大，也能意识到我们还可以努力成为更棒的妈妈！

妈妈更需要闺蜜

对很多人来说，在生命中找到一位闺蜜是段漫长的旅程。一旦找到以后，她将成为不可或缺的至宝。我清楚地知道如果没有这些好姐妹的帮助，我是无论如何也成不了一个好妈妈的。而且如果没有她们像天使般对我，生活于我也不会如此珍贵和美好。我一直告诉两个女儿，**男人们也许会是你生命中的匆匆过客，但你的闺蜜们将会在你遇到危机和困难时不离不弃，直到你能够重新振作起来为止。**

在本书中，我曾提到过寻找与你志同道合的妈妈极其重要。在你初为人母的岁月里，是她们与你互相扶持，走过每一个美妙与孤独的时刻。她们中有些人将成为你感情至笃的至交好友,变得与你的家人一样宝贵和不可或缺。

我那些最好的闺蜜经常和我开玩笑说，我们简直可以跟对方结婚了。不知为何，女性之间的友谊一旦稳固建立，总是会变得与彼此的需求和情感十分合拍。她们知道何时只需要静静聆听和默默关爱，懂得在我们偏离生活轨道时提醒我们到底是怎么回事。可以说，闺蜜总会在我们需要时及时出现，而且也在我们无需解决困难问题时，暂时淡出我们为人妻为人母的生活，只是简单地陪我们聊天傻笑、逛街购物。

所有的关系都需要给予和悉心照料，闺蜜也不例外。可以与她一起，花些时间去户外远足、学新课程、购买打折货、一起庆祝生日。当然了，也要偶尔过女人们自己的生活，暂时摆脱那些讨厌的同事、丈夫和孩子们。当你有一天身处困境之时，那些曾经一起度过的美好时光，一起欢笑、互相扶持、共享成功喜悦与分享伤心泪水和烦扰愤怒的日子，将会显现它巨大的价值，帮你渡过难关。

一个女人一生中会有许多变化和转折的时刻。此时，来自闺蜜的支持是无价之宝。当我承受着理查德骤然离世的巨大打击之时，我的至交好友们曾陪在我身边，为我织就了一个充满爱心与保护的光环，伴我度过那段艰难岁月。她们或是关切地与我促膝长谈，或是叫我出来喝杯咖啡，或是坐在彼此家的厨房中边闲谈边看着孩子们在一边玩耍，或是一起参加观看学校社团的足球赛等集体活动。总之，她们鼓舞我重新站起来，开始新的生活。如果没有她们，我不知道我是否还能走到今天。

可以说，当你处在人生低谷时，闺蜜是你的最坚强后盾。当你重新回归生活正轨并准备创造更好的明天时，她们将会不遗余力地帮助你。她们是值得珍惜和深爱的。

Chapter 8

不妨对生活嫣然一笑

除了孩子一天天长大，生活就不能有别的变化吗？要知道，生活虽然并不完美，但总有些小事能让人展颜一笑。用一些小礼物犒赏自己，做一些早就想做但没空做的事情，即使只是日行一善，也会让人心生暖意。

培养感恩的习惯

如果想让自己的孩子有积极的人生观，最好的方式是你身体力行，常怀感恩之心。感恩如同盛开的太阳花。你就是中心的花蕊，周围撒满希望的种子。如果你总是带着感恩之心面对生活，那么感恩就会像呼吸一样，成为你自然而然的习惯。

你逐渐会发现，**真正的富足并非源于物质，也不是过分贪求，而是珍惜自己所拥有的**。在家中，学会感恩要从你做起，请相信感恩这颗星星之火终会燎原。

学会珍惜自己所拥有的，足以改变你的生活方式。当你在静谧的清晨醒来时，就要开启你的感恩之旅。早上祈祷或冥想时，请感谢上帝。我的祷告词通常是这样的："感谢主，一直以来保佑我们全家上下的健康平安！"

见到亲朋好友，也要感谢他们给我带来了快乐和惊喜，无论在生活中还是工作中。在温馨而舒适的家中能够品尝美味佳肴，我对此也充满感激。关键在于我会尽力从身边的人和事中发现积极的一面，让感恩的心态从点滴开始，积流成海。

天有不测风云，我们的人生难免会发生波折。也许我们的事业会跌入低谷，婚姻会遭遇不顺，或者我们与孩子会发生矛盾。不论何种情况，我们都要学着去发现那些值得感恩的小事、那些曾经遭到漠视或者被视为理所当然之事。

妈妈下午茶

最好的朋友竟成了第三者

我的朋友朱莉亚即将结束她多年的婚姻生活。丈夫弃她而去，投入了另一个女人的怀抱。更让人揪心的是，这个第三者正是她最好的朋友，这无疑令她的生活和情感都陷入困境。

考虑到自己的孩子，朱莉亚强打起精神，不容许自己深陷哀伤一蹶不振。尽管伤心痛苦，她还是保持着感恩的心，乐观地看待生活。离婚后头两年的生活自然是无比艰辛的，但她依然看到了生活中的阳光：她有一双可爱的儿女，有家人朋友对她的支持，当然还有她未曾发觉的、潜藏于自己内心的坚韧与力量。

当我们看到生活中的积极面时，尽管那些令人沮丧的事并未消失，我们内心受到的创伤却会减轻许多。你常常会发现摆脱困境也由此变得相对容易，因为我们的心勇敢地敞开着，愿意拥抱无限可能性。

学会“感恩”，对于孩子来说尤其重要。当孩子们感谢他人的善行时，第一反应常常是今后自己也应该这样做，这就给孩子一种行为上的暗示，让他们从小知道爱别人、帮助别人。

在家里，我们可以教孩子练习这种感恩活动，把感恩作为吃饭或睡觉前的一种例行仪式。问问他：今天碰到的最高兴的三件事是什么？这一天中，他希望改进的地方又有哪些？今天说过什么善意的话，做过什么好事？有没有什么善举帮到了别人？要用谈话的方式与孩子沟通交流，因为这种回顾反省有助于他意识到什么是好事，什么是坏事，帮助他更好地成长。

真正的感恩就是能拥抱并热爱生活带给我们的一切，学会知足。承认生活的双面性，但总能看到积极面并珍惜它们，这才是至关重要的。感恩我们所拥有的，是我们真正和谐美满生活的关键。

灵活应对生活的变数

如果把我们的人生经历与父母辈的相比，就会发现社会发生了翻天覆地的变化。科技和财富极大地改变了我们的生活水平以及对美好生活的期待，我们希望能给孩子更好的生活。城市不断蔓延，很多人开车上班，虽然已拥有一辆，但还希望再有一辆；同样，我们认为成功就意味着有能力购买商品,并且是高档商品。原先的“需求”转变为如今的“欲求”。于是，我们的生活中充斥着各种并不需要也不一定能负担得起的物品。

我这一代人都经历了大萧条以来美国经济最艰难的时代。事实上，2008 年以来的经济动荡几乎没有人幸免于难。尽管所受的困难程度各异，但我们都知道伴随着失业而来的是无家可归，食物储备逐渐告罄；当地社区的各种服务也在日益削减。我们还看到在很多社区房屋前的草坪上打着“出售”的标志。

妈妈下午茶

从豪宅主人到无房一族

有一天，我在超市遇到一个相识多年的女性朋友莎莉。她的丈夫是电力承包商，二十年来生意一直红红火火，可是最近三年形势急转直下。在丈夫事业蒸蒸日上之时，他们买了一栋山间别墅，财务透支。本以为生意还会一直红火下去，没想到经济危机席卷而来。房屋的修建已经停工，但他们的支出照旧。现在看来，不但他们的山间别墅要落空，而且连现在的住房也很有可能会失去。

莎莉告诉我这一切时，不由得泪如雨下。我觉得这很不公平，也很同情一直努力奋斗的这家人。我有种不祥的预感，他们并非这个时代的特例。

我知道有很多朋友蒙受损失后，索性腾出自己的家，当起了房东。更奇怪的是，有些朋友根本就没有被这种损失吓得慌了手脚。相反，他们把这看成是重新安排自己生活的契机。对自己仍然拥有工作和收入，他们心怀感激，并且乐意过一种有别于往常的简单生活，以便更合理地安排每月消费。对他们而言，不用再为房子承担沉重的月供，实在是种难得的解脱。

我想说的是，在拥挤不堪但无比温馨的小屋中，我们还是可以发现希望。我们可以向孩子展示灵活应对的重要性，让他们学会及时调整状态以适应新情况。这本身就是生活的一部分。生活不会事事如意，总有些事会超出我们的掌控。

但所谓“祸兮福所倚”，很多灾难的背后其实也隐藏着幸运。比如，在共渡难关的过程中，家人之间更加心心相依。或者孩子暑期要出去打工赚钱，在贴补财政的同时，学会了承担起责任。尽管放弃一栋房子免不了会让人黯然神伤，但有些损失比房子更令人心痛。

上帝在关上一扇门的同时，总会开启一扇窗。我们倒不妨以此为契机，增进家人间的亲密关系，一起返回到那种简单、独立而可持续的生活。这样，我们不仅能生存下去，而且还能活得更好。

让一些小变化成为生活的调剂品

很久之前，我就听说过为孩子作好安排才能让他茁壮成长，但我们自己却每天过着例行公事似的生活，这难免让人一蹶不振。要想重获生机和活力，你必须时时处处寻求变化。如果你身体健康，却时不时感到疲倦、郁郁寡欢或对任何事都提不起兴趣，那这些征兆其实是在强烈暗示你，是时候改变了。

要知道即使是微不足道的变化，也有可能产生神奇的作用。因为乐观心态和对生活的激情，会重新洒遍你心灵的每个角落，为你的人生旅程增添诸多乐趣。如果生活中增加点新的佐料，即便是做饭、洗衣这种最枯燥乏味的日常事务也会变得有趣起来。以下一些小变化能帮你改变心态，舒缓情绪，从而让你充满激情：

- 有调查显示，女性情绪低落时买支唇膏就会令其精神焕发。所以，要学会时不时犒劳一下自己。可以考虑下载一些新歌曲放到播放器上，或者买一张新CD奖励自己。不时换换口味，比如你原来只读散文，现在不妨看看小说，反过来也一样。
- 每天起来时，冥想或启发性阅读。一定要确保每天有时间安静地沉思，就算需要早起或晚睡十五分钟。因为这有助于营造一种积极的心境，增加能量，帮助你用一种暂新的视角重新审视枯燥乏味的日常生活。
- 把厨房变为一方乐土。不要只赶着把饭菜做好端上桌，不妨在烹饪上好好花点心思，慢悠悠地享受做饭的乐趣。家人一定能体会到你的心意，同时你自己也会更开心。每周末花时间好好研究烹饪。可以上网查菜谱。电视节目、美食杂志和网站都有很多开发菜品的新想法。要敢于尝试，当然也要保证饮食健康。
- 适当改变一些日常生活小习惯。比如试着改变上下班或接送孩子的行车路线，甚至改用步行的方式，可以增加新鲜感。与此同时，你可以用“殊途同归”这个词来告诉孩子，解决问题也有多种不同方法。
- 尝试新的健身项目，或者在每周健身日程中增加一次远足运动，可以邀上几个好友一起远游。
- 列出十件你最想做的事，然后一件件地完成。每天都进步一点点，朝搁浅已久的梦想进发。也许你一直梦想写一本儿童读物，或者你一直有个与众不同的构想。请制订计划，采取行动朝新的方向努力，让梦想照进现实。
- 利用空余时间，积极投身社区服务，或参加某个组织。很多非营利性组织都需要志愿者协助处理一些大小事务。利用这个机会。

- ◆ 投入大自然的怀抱。挽起袖子，打理花园，不要怕脏。
- ◆ 培养新的兴趣爱好如摄影、绘画、写诗或者制作剪贴本。做些创造性工作如美术、工艺、重新布置或装修房间。
- ◆ 写封信给孩子，告诉他你在生命最后一刻想跟他说的话。这能让你更好地珍惜现在，因为一切都变幻莫测。
- ◆ 读一本轻松的小说或者令人爱不释手的书，纯粹消遣时间。
- ◆ 改变个人风格，尝试新的发型。买支唇膏，修修指甲，然后画上一种夸张的指甲油。
- ◆ 记住，你也需要娱乐时间。你需要约约会，或者与闺蜜相约。
- ◆ 参加一个新的培训班或者去没去过的公园玩玩。

长期养成的习惯或日常活动中虽然有甜蜜，有安定，但适时改变会让人永葆青春，让生活变得更有趣。

想寻求帮助时，祈祷吧

年轻时，我很善于通过祈祷来寻求帮助。当了妈妈后，有时我也会采用这种办法。其实我不太清楚，为什么我好像会突然开了窍似的对事情改变了看法，扫除了自我怀疑。我想，我并不觉得为人父母过程中存在任何不安全的风险，也不认为好母亲必须无所不能无所不晓。但是，也许我有时最需要的恰恰是，以谦卑的心态认识到现实情况往往与之相反。你不必无所不知，但必须坦然接受这样的事实。

现在回想起来，我开始意识到为人母亲的很多乐趣往往因为我们抱怨责任太重而不断被稀释。如果你感觉到了责任，并且像蜗牛似的一直把它扛在肩上，就会感到不堪重负。我渐渐明白，作为母亲是需要有些信念的。当深陷困境时，我常常会想象自己正拿着鱼竿在海边的情景。想象着用力地甩出鱼线，我所有的担忧、焦急和心理包袱也随之一同甩出。我放逐所有的一切，让信念将我拽回到原来的模样。

当我祷告时，也就是在寻求援助。作为妈妈，我总觉得很难张口向人请求什么。但我发现了祷告的神奇力量，能让人卸下心头所有的负担，再也无需逼迫自己成为一个无所不能的人。当我祷告时，一切都随风而逝。我渐渐放下无端的烦恼，感觉前所未有的轻松。

我喜欢将自己视为一个经验丰富的女性：我是一位祖母、一个寡妇，对我孩子来说，我还是一位单亲妈妈。每天早上醒来时，我会这样祷告："神圣敬爱的主呀，让我成为你多姿多彩的人生乐章中的一部分吧。请指点迷津，告诉我该如果度过这美好的一天。你的意志，而非我的意志，一定能在这一天得到实现。"我愿意屈服，并且相信上帝一定会对我和孩子作出合理的安排，比我自己制定的更好、更有意义，也更完美。

祈祷还能净化心灵，除却烦恼。作为妈妈，我们每天都忙得不可开交，脑子里也装满了杂七杂八的事；我们几乎没有消停的时候，而接踵而至的烦恼和担忧，轻而易举就能让我们丧失理性。祷告能除去杂念，使我们成为空空如也的容器，又能承载家人所需的宽容和爱。

提醒自己生活固然并不完美，但生活中有很多事是可以至善至美的。祈祷就像一种信念的律动，能帮助我们释放所有的心理包袱。祈祷时，我们能感受到那种毫无压力的自由感和冥冥之中流淌在我们内心的温暖力量。生活中，当我们碰到过不去的坎儿时，就勇敢伸手求助。这能指引我们找到问题的解决方法，最终扫却我们心中的烦恼，重拾生活的快乐。

尽力了，就让愧疚感到此为止吧

有一天我和一位女性朋友聊天，谈起中年生活的不易：上有老下有小，既要养育小孩，又要开始照料父母的饮食起居。

妈妈下午茶

看到亲人只能躺在床上等死，她很内疚

我朋友莉拉有五个孩子，其中有两个孩子还没上学。正在这时，她妈妈得了老年痴呆，只能依靠莉拉夫妻俩出资购买的辅助设备维持生命。除此之外，他们还要照顾她的情绪，尽可能多地去探望她，确保她的衣服安放有序，账单按时支付，食物充足。我问莉拉，她是如何做到在照顾小孩的同时又兼顾老人的需求的，背负那么多的责任，心里有何感受。

她深吸了一口气，无奈地叹道："有时候，我只觉得非常愧疚，因为妈妈无法和我们住一起，她只能一个人躺在床上等死。"我们又谈了一会，分享了她的困惑和感受。我们一致认为最好的策略可以简单归纳为：既然已经尽力，就平和接受现实。每天，她能做的就是在各种相互矛盾的责任义务中平衡取舍，尽力尽心。知道自己已经尽力了，就要把愧疚感放下，不再钻牛角尖。

不管作为妻子、妈妈，还是女儿，意识到自己已经尽力了，对我们的生活很有帮助。当我们感到愧疚，就该搞清楚自己为什么会这样想。当我们从这个角度审视自己时，就可以化解压力的枷锁，把自我从无意义的愧疚牢笼中解脱出来。

作为妈妈的责任无穷无尽。我们常常感觉自己像是巨人阿特拉斯(Atlas，希腊神话里的擎天神，被天神宙斯降罪来用双肩支撑苍天。——译者注）一样，肩上扛着整个世界。养育子女的同时照料老人，很容易让我们感到喘不过气来。我们所能做的就是尽力而为。如果我们已经尽力了，就让愧疚感到此为止吧。

善意像螺旋，总会回归到自己身上

没有比表达善意更令人快乐的事了。每个人都可以表达善意，带动周围形成一片爱的涟漪，并阵阵荡漾开去。其实，这并不意味着要做很多，一个小小的关爱都有可能产生举足轻重的效果。不妨先从家里开始，然后坚持一整天。

我们可以带着善意和尊重与孩子们讲话，也可以以身作则地教导他如何与他人对话。当他看到我们给予陌生人发自内心的善意，也就明白了将内心善念传递给周围的人的重要性，并且不期望获得回报。

妈妈下午茶

“妈妈，为别人做点事原来如此美妙！”

肯娜从来不忘记她朋友莉娜的生日。她总会在莉娜生日那天的早晨给她送去鲜花和气球。我的两个女儿总是最先给朋友们和队友们庆祝，或者是在他们受伤或生病或住院时最先送去慰问品。我记得肯娜十一岁时，曾带着满脸的喜悦和欢欣对我说：“妈妈，给别人做点事原来是如此的美妙！”

生活中，我们缺失了一种能力，即退后一步，直视对方的眼睛并发送爱的信息。原本这是多么简单的一件事，在超市里，在咖啡店排队时，在银行等候时，只需一瞬间向周围的人打个招呼，只需一个真诚的微笑便已足够。

那天在咖啡店排队的时候，我转向我身后的那位女士，并同她攀谈起来。我专注地看着她的眼睛，她立即活跃并快乐起来。我们在等咖啡的时间里，谈了好长时间，然后才分道扬镳。这个过程真的令人欢欣雀跃，虽然简短，也谈不上很特别，但它却照亮了我俩一天的生活。

我们可以主动打招呼，握手，开始一段简单对话，或者是在超市排队时主动让匆忙而有急事的人先上；我们还可以向餐馆服务员主动说“你好”，在下单之前问他“你叫什么名字”。

不久前，在飞机上，我将自己的三明治分了一半给邻座的乘客。还有一次，在加油站，一位妇女走向我，跟我说她忘带钱包了，但需要足够的汽油才能回家。我不假思索给她续了五美元。旁边上一位男士看见此幕，将头转向我说：“这是我所见过的最善良的举动。”

表达善意是一种可以传递的美好体验，其中蕴含的巨大影响力我们也无法估量。**如果你对孩子和伴侣关爱有加，那他们也可能会对别人仁爱温存。**孩子会效仿大人，我们的行为规范就是他们模仿的样本。如果你自己都不正眼瞅一下停车场的小伙子，或者不拿电影院的售票小姐当回事，那你的孩子也可能会同样瞧不起他们。现实中，这种所谓的“优越感”并不能带给孩子多少好处。

通过父母自身的实际行动，帮助孩子认识到想要别人怎么对自己，自己首先要那样对别人。然后，善意就会像个螺旋那样。你对别人的善意和尊重会循环往复，一切都会慷慨地回到自己身上。

当计划被打乱，不妨妥协一下

我们总是尽力遵循各种日程与计划，试图掌控生活中一切大小事务，或者总是想做一个事必躬亲的妈妈。其实，偶尔妥协一下，放下焦虑、担忧、期望、计划甚至是日程安排，有助于减少压力，因为正是这些压力剥夺了你的快乐时间。

最好的计划往往是最顺其自然的计划。看开点有助于你更从容地解决问题，或在繁冗事务中茅塞顿开。有时，一些我曾计划好的事情终究还是按照它的轨迹发展下去，让我始料不及；有时，它也会超出我的预期，让我欣喜。在我看来，那些背负着完美主义重担的妈妈们辛劳终日，却难会心一笑。

我曾听说过，生活正是因为不完美才成就了真正的完美。如果弦绷得太紧，就无法享受片刻欢愉。而且，随着孩子渐渐长大，对生活来点小小的妥协，会让你提早适应以后放手让他单飞的生活。

在持家的过程中，会有很多机会让你践行妥协的理念。比如，你早上起来突然发现孩子得了肠胃炎。此时，你所有的计划都被打乱。于是，你不得不妥协，只好先照顾孩子再打扫卫生。

也许听起来有些奇怪，训练蹒跚小儿使用便盆也需要妥协。你可能认为小家伙到了摆脱尿不湿的时候了，但直到他准备好之前，所有使用便盆的训练都将是极为棘手的。如果你试图控制所有的节奏，孩子却不感兴趣，那么，不管你买多少可爱的男孩女孩穿的内裤试图让孩子听话都是徒劳。“意外事件”会继续不期而遇，并持续很长时间。此时不如妥协一下，等等再看。他终究是孩子，使用便盆或自己上厕所只是时间早晚问题。毕竟，没有一个成年人会穿着纸尿裤在走廊里晃来晃去。

妈妈下午茶

当女儿第一次独自驾车外出时……

还记得女儿们第一次独自驾车出去的时候，我是如何尽力放下自己的担忧与害怕的。在当地公路上开车，我已经足够放心，但到了高速公路上，又要变道，又要超速，那就另当别论了。我不仅仅是担心她们的驾驶技术，而且还担心周围的司机们。那些无谓的担心让我寝食不安，内心百转千回。每当我被那些恐惧攫住头脑的时候，我不得不强迫自己：放手吧，妥协吧，放宽心。

生命是一段长长的历程。我们要适时放下一些无关紧要的琐事，为以后的至关重要的大事做好准备。改变能改变的，但接受已经存在的。你要相信所有的问题总会以其独有的方式解决。要接受一个事实，那就是不管你多么想要去掌控所有的事件和结果，生活可能另有一番计划和打算。如果能够适时妥协，你将会从容悦己，内心充满充实感与幸福感。

多看看生活“后视镜”，常怀感恩之心

其实真的不必介意你拥有多少，至少在物质上。真正从心底感激生活赐予你的每个小细节才是最重要的，这无关乎物质。不管你处于生活的哪个阶段，不论你身处何种境地，如果能将注意力集中在好的、积极的方面，将会对你的人生大有裨益。

生活中的许多事情都已渐行渐远，被我们淡忘。如果你总是被抱怨和不满困住，也许就会错过那些轻抚你秀发的微风、一场梦幻般美丽的春雨、秋叶齐奏的美妙交响曲或是天空中如莫奈画中美丽的云彩。

我乐于做一个妈妈，这是一个永不厌倦的职业，尽管也伴随着许多起起伏伏，有欢乐也有失落。当然了，人不可能天天都心怀感恩之情，但我想你应该正视自己的生活，不求尽如人意，但求无愧我心。事实上，当我们回过头看时，会发现生活是十分不易的，特别是那些养儿育女的日子。有时，从生活的“后视镜”中审视感恩之心似乎更容易些。

我以前也不是每一天、每一刻都充满感恩之心的，但此刻却意识到我多么不愿错过那些与孩子度过的特别时光。感恩是门艺术。在这方面，孩子是我们最好的老师。他总有办法从每件事中找到乐趣，还有什么比这更重要的吗？孩子可以把一个纸箱捣鼓一通后变成一个房子，或者仅仅轻击一排玻璃杯就能演奏出自己的音乐。他一醒来，高兴了就唱。最贴心的事莫过于他用小手捧着你的脸贴近他的小脸，温柔地视着你，发自内心地对你说：“妈妈，我爱你！”

孩子渐渐成长的岁月也是如此令人难忘。曾记得，我和女儿们一起参加足球锦标赛，一起逛街买流行的漂亮裙子；她们的朋友来家里玩时，女

孩子们叽叽喳喳地聊天，欢笑；全家人在海滩边度假，堆砌沙滩城堡；用姜饼做成房子，画彩蛋，刻南瓜；还有她们的第一次约会，第一次接吻，第一次生孩子……每一个过往的时刻，我都不想错过。

现在回过头想想，如果时光可以倒流，我绝不会再拿洗衣服、做鸡肉大餐这些琐事的时间来换取这些宝贵时光的。我被孩子们需要，也同样需要她们。时光如梭，有时你的确需要作出些牺牲。但事实上，我觉得上帝是如此眷顾我，让我能享受做妈妈的权利，而且孩子是他送给我的生命中最宝贵的礼物。

作为外祖母，现在我特别关注小外孙卡登身上的小细节。这些细节有很多是我在两个女儿小时候忽视的地方。比如，卡登在家里的窗户和镜子上信手涂鸦，每次例行的家庭聚会上他都会亮出天使般的甜美声音。我沉浸与他相处的美好时光中，真真切切感受到能够见证他一点一滴的成长是多么的难能可贵。

孩子总能用一种美好的方式来提醒我们用新的眼光和视角来看待这个世界，但这样的时刻有时也会被我们忽略掉。因为很多时候我们被湮没在如洗碗、洗澡、哄孩子睡觉等日常家务琐事中，一天下来还有多少时间属于自己的呢？但不管怎样，都尽量去做吧。珍惜当下拥有的，珍惜你们在一起的时间。珍藏周围的善人善事和美好瞬间的回忆，因为岁月不饶人，一切都在变化之中。

把每一天都当成生命的最后一天来过

在生命中，我能够给予别人和自己最好的礼物就是遵从内心，珍惜当下。只有抓住当下，我才能够在最深的层次上与世界建立联系。在这样宝贵的时刻，我可以成为一个世界级的聆听者或行动者，因为我把全部注意力都给了我爱的人。当我珍惜当下时，我才是最真实的自己，并能够成为自己想要成为的老师、姐妹、父母和朋友。

我们都知道自己在一天中状态最好的最佳时间段。有人清晨状态最好，有人则在夜深人静时注意力最为集中，最有创造力。当你活在当下时，不管什么时段，你都不会分散注意力，而且不管身在何处，你都会与当下紧密相连。**如果把脑海中有关昨天和未来的思绪整理清楚，而只集中于当下，那么你一天中最好的时刻就是此时此刻。**

活在当下的理念看起来似乎很简单，但在这个信息爆炸的时代，由于人们过度注重社会媒体的作用，很难践行这个理念。我们常常庆祝自己能够完成多项任务，但说实话每次这样做的时候，我们实际上已失去了一些别的体验。很多次，我在外面吃饭时，总看到两个人在餐馆面对面坐着吃饭，他们不是互相交谈，而是各自用手机给别人发短信。如果他们开车时也这样做的话，就该明白不珍惜当下将是件十分危险的事。

不知珍惜当下还会让我们爱的人失望，让一天中最简单美好的礼物在不知不觉中悄然溜走。有多少次当孩子对我们说话时，我们正在走神呢？孩子不住地恳求道："妈妈，你有没有在听啊？"但都没能把我们拉回到现实中来。

作为妈妈，我们习惯于忙忙碌碌，总是惦记着桌上未完成的文件、厨房里需要准备的饭菜或明天即将举行的家庭晚宴。我们缩短了值得记忆的时刻，总是停留于尚未发生的未来或者无法改变的过去，并对自己许诺说："下次吧。"作为妈妈，我们以为有很多时间与孩子相处。殊不知，我们真正拥有的也不过是此时此刻而已。

我们的孩子，特别是年龄小一些的孩子，在教会我们珍惜当下的真正意义方面堪称是我们的老师。他们天生就学会了精神导师拉姆·达斯（Ram Dass，二十世纪六十年代哈佛大学心理学教授，后赴印度灵修达数十年之久。著有《活在当下》，唤醒了整整一代人的心灵意识。他被称为"二十世纪最受推崇的心灵导师"。——译者注）所倡导的"此刻即存在"。

孩子是完全随心所欲的，不会被期望值、信仰体系及自我意识等杂乱信息搅乱。他以极大的热忱来享受生活，一旦有什么吸引了他的注意力，便立刻沉浸其中，乐此不疲。我喜欢花尽可能多的时间来与我的小外孙一起度过，我总是很惊奇地发现，连一个花园里浇水用的软管或是厨房里的塑料碗、扫帚等都能让他玩得不亦乐乎。在午后时刻，我总会把手机关掉，让自己完全沉浸在看他玩要的快乐之中。我不想错过每一个时刻，因为现在我已经深刻体会到时间过得多么快了。

将注意力集中到此时此地，需要不断练习并处处留心。同时，这也需要我们首先摒弃那种掌控生活的幻想。事实上，我们只可以控制生活中的一些事情，却无法控制另外一些事情，比如交通信号灯、潮起潮落或天气变化等。

好好整理一下想法和思路，放弃那些扰乱你心智的想法。当你能从容享受当下，充实过好每一分钟的时候，你的思路会更加清晰，呼吸会更加顺畅，更能真正享受人生。过好当下的每一分钟，把每一天都当成是生命的最后一天来过，你必将体验到更多的愉悦感和更深的充实感。

走出“旋转木马”的思维怪圈

理解思维的属性有助于保持生活正常运行。人类往往容易陷入循环思维，却对此毫无察觉。“突发性思维疾病”就是一种循环思维，如同你骑着旋转木马转动，只是绕圈圈，根本没法前进。为了充分运用你的智慧和常识，你必须跳出“旋转木马”的思维怪圈，打破循环思维，以减轻因恐惧导致的压力、焦虑和担忧。

初为人母者往往容易受“如果……会怎样”的思维模式困扰。从我们把新生儿带回家的那一刻起，就开始着急。这主要是因为我们对自己照顾婴儿的能力没有信心。他看起来是那么的柔弱、无助。然而，那撕心裂肺的哭声却已经表明他并没有我们想象的那么虚弱。事实上，宝宝有与生俱来的求生本领。关于这一点，新妈妈们在第一个星期就能领教到了。

妈妈们总免不了沦为“如果这事发生了会怎样”的思维方式的受害者，因为一系列不断衍生的问题，总会让我们觉得这些事可能会伤害孩子。因此，很多妈妈觉得应该担负起责任，提高预见性，以保证孩子不碰不磕不生病。

虽然保护孩子是母亲的天性，也是应尽的责任，本无可厚非，但一旦陷入源源不断的担忧中，就会让人丧失理智和快乐。诚然，孩子度过童年之路必定是一路蹒跚，布满荆棘，但我们内心都明白，我们所担忧的许多事其实都不会发生，而且就算发生了，我们也可能迅速摆平，而无须跳进思维怪圈，徒增烦恼。

妈妈下午茶

焦虑感冲淡了新妈妈的喜悦

梅利莎是位新妈妈。从发现自己怀孕起，她就开始焦虑了。但她还是把自己照顾得很好，生下了一个健康的男孩钱德。然而，在哺乳期时，正值流感高发期，媒体大肆报道一种新型流感将大面积传播。作为一位年轻的母亲，梅利莎很担忧，并且处处小心。

这本是人之常情。可是她因深怕孩子被传染上流感而有些过分焦虑，甚至到了草木皆兵的地步。她采取了极端措施，不让外人进她家门，也从不带孩子出去呼吸新鲜空气。她这种“如果……会怎样”的思维模式对保护孩子根本起不了任何作用，只会把她和她丈夫逼得发疯。最后，梅利莎终于意识到这种想法和无端的恐惧让她心力交瘁，并且也冲淡了她作为新妈妈的喜悦之情。

有人可能会反驳说，她是个好妈妈。因为她操心很多事，但其实不然。因为恐惧通常会让我们失去理智和判断力。**我们必须时刻采取理性方式确保孩子的安全。如果你的心没有被恐惧笼罩，那么你的能力会得到充分发挥，心情也会变得十分愉悦，也能更好地照顾孩子。**

要走下思维怪圈的“旋转木马”，摆脱非常态思维模式，通过简单的自我意识提高训练就能做到了。当我发觉自己进入思维怪圈时，我常常会自言自语：“噢！克瑞丝你又犯这毛病了。我知道这种思维方式能把你折腾成什么样。”

请记住，担心和焦虑对解决问题没有任何好处，只会把你逼得发疯。当担心的想法渐渐消散时，你就可以随时摆脱怪圈了。一旦碰到“如果……会怎样”的担忧链，每种想法都会环环相扣，就像很多匹马排成一队。此时，请一定要紧握缰绳，然后从旋转木马上跳下来，回到现实中，你会发现事情并没有那么糟糕。

别着急，让问题“炖”一会儿

我很荣幸，很多人在遇到困惑时都会来找我咨询。虽然每次事情多少会有不同，但每个人都希望我能帮他作出正确决定。既然我们大多数人都在为抚养子女、管理家庭财产、维护关系、保持健康、经营婚姻等问题所困扰，那我就跟大家分享一下我的想法吧。

妈妈下午茶

房子到底是卖还是不卖？

不久前，我的一个朋友打来电话。她准备离婚，打算把她的房子卖了。她告诉我，她收到一个陌生人的便条：“我愿意购买你的房子。如果你感兴趣的话请给我电话。”她问我这是否是她该卖房子的预兆。

接着，她便开始了无边无际的担忧，比如：这个时候卖房是否时机合适？接下来我住哪儿？是选择公寓楼呢，还是买一套更小点的房子？是否有资格申请抵押贷款？儿子们怎么办？让他们搬家不合适吧，是否再等等？我对她的建议是：放慢脚步。我告诉她：“时机成熟，答案自然会浮出水面。”

我们总是极易陷入问题中。我们不停思索，反复琢磨，期待着出现好结果。我们总认为，如果沉思的时间足够长并反复斟酌，正确答案就会突然出现。不会的。

实际上，担忧和烦躁只能妨碍你解决实际问题，并把你封闭在一个充满压力的环境中。这时，不妨提醒自己“时机成熟，答案自然会浮出水面”，这句话虽不一定能解决问题，但有助于缓解压力。最重要的是，它为解决问题创造了空间。

与其让自己被焦虑压倒，还不如发挥想象。想象自己正在做饭，火炉上的某些东西需要时时注意，而其他食物需要再慢炖一会。当你把那些担忧放在慢炖的位置上，就好比把问题放进后备的火炉里。其实，问题并没有走开，只是稍微放松一下而已。当你感到心境澄澈了，再回到问题上。

在抚养子女的问题上，虽然很多事情看上去急不可待，但实际真正迫切的事是很少的。除非你的孩子受伤了，生病了，或者经历了精神创伤，否则，大多数的问题都可以通过“慢炖”的方式得到解决。

当你深陷纠结中时，最好后退一步，深呼吸，将担忧先放后备炉子里“慢炖”一会。焦虑经常夸大问题。但如果克服它，那么智慧就会尾随而来。相信这个过程，找到自信。时机到了，答案自然就有了。

笑是最好的药方

阻挡人前进的并非那巍峨的高山，而是鞋里的那粒沙子。我们要为人生中的大事全力以赴，而本书探讨的是如何不让芝麻绿豆大的小事，阻挡你前进的步伐。与朋友聊天时，大家都不约而同地认为，在生活中恰恰是那些小事困扰着我们，让我们无暇顾及大局。

就算一切好像都乱了套，你也只需退一步海阔天空，一笑置之。**笑是最好的药方，能扫去压力、紧张，让你重新恢复理性。**它就像维生素 C 一样，是保持身体健康不可或缺的元素。

妈妈下午茶

本来该哭的，她们却笑了

我的朋友露西有四个不让人省心的孩子。她每天早上起来，都会觉得好像有什么无法预料的事情要发生，会打乱这一天的正常秩序。

她的日常生活中，充满了各种麻烦：有个孩子生病了，另外一个忘了带家庭作业；家里的小狗口吐白沫，需要送到宠物医院；开车送孩子去足球培训班的路上，又有个孩子不小心打翻了饮料，不但洒了自己一身还殃及姐姐的背包；合伙开车接送孩子的另一位妈妈突然病了，她要接去数学补习老师那儿接大女儿下课，同时又要把小女儿送到芭蕾舞蹈班。

每天,她井然有序的生活中总会出现这样那样的乱子（相信我，她是我见过的最懂得安排生活的人了），她对此也是无能为力，只能一笑了之，兵来将挡，水来土掩。

我有位朋友叫罗宾,是一名媒体主管。一天早上她刚进办公室,电话就响了。是保姆打来的。“你有没有拿卡莉的家庭作业？”保姆在电话中问道。“你说什么？”罗宾有些吃惊,同时翻了下公文包。天呐，她确实错拿了！

8 岁的小卡莉拿着罗宾手写的演讲稿，上午还得用呢。她想起，昨天晚上，母女俩一起坐在餐桌旁，各写各的作业。很显然，早上她匆匆出门时，错拿了女儿的作业。

罗宾本来该哭的，但她却笑了。她后来告诉我说：“事情虽然发生了，但又没有人生病，没有人去世，所以没什么大不了的。况且，我仍然很幸运地拥有自己的工作。”

想拥有安宁和幸福，就要学会不让小事变大。幸福感的获得并非指生活中事事顺心，而是你能理性看待一切。每天，你都要记得深呼吸，一笑置之。否则，接二连三的小灾小祸就会积聚成大灾难，让你受挫生气。这种消极情绪还会不断累积，让你更加抑郁。

每当我们心情不好时，就会看什么都不顺眼，因为人是透过自己的心情看世界的。相反，如果我们一笑而过，心情也就轻松了。学会放下小事，能增加人的适应力和活力。正如达尔文所说，“并非强者生存、也非智者生存，而是适者生存”。

就算一时失去了理智也不用担心，因为每一天都是新的一天。小事时刻在发生，这是自然规律。从每件事中发现好笑的地方，然后大声笑出来，这样你就能淡定地面对那些失控、乱套的日子。

Chapter 9

让“家庭后援团”替你分忧

家庭最重要的意义在于“分享”和“成长”，而一些家庭传统的培养，要从妈妈身上开始。如果感觉分身乏术，那就让全家人一起来做家务；即使各种琐事不断，也要抽出时间来共享家庭时光；还有，别忘了，伴侣才是第一位的！你们彼此的尊重与关爱，是送给孩子最好的“传家宝”。

栽培家庭这片园地

最近去了一趟秘鲁，被当地人的幸福生活深深震撼了。在风景如画的乡村里，简约朴素仿佛就是他们的生存法则。家家住在农场，户户都紧邻自己的田地，相互交流着生活的艺术，彼此分享瓜果蔬菜和粮食。

妈妈下午茶

家门口菜园里的乐趣

回到美国后，我时常回忆全家人一起度过的那些时光，没想到最快乐的事居然都发生在家门口那个园子里。园子被一条条铁索绳划分成不同区域，我们打算用来种植南瓜、莴苣、胡萝卜、西红柿等不同蔬菜。可是两个小家伙经常在铁索上玩耍,就像走平衡木似的。

每每想起这场景，我都会不由自主地发笑。我们全家出动，一起灌溉施肥，也一同收获果实。每当要制作午餐沙拉时，我们就会让两个女儿乐颠颠地跑到园子里采摘西红柿或者苹果、杏子、金橘等水果。这是我最温馨的记忆之一。

我坚信，栽培园地的快乐是你和孩子能够共同分享的。悉心呵护作物、共同收获自然的赐予，这几乎是最愉悦的家庭活动。植物从萌芽、成长到硕果累累，园子里每天发生的细微变化都给孩子新的机会，见证生命神奇的轮回和生态系统的不息运转。花费几个月的时间，亲手栽培和采摘作物，再端上餐桌，这一过程中的精彩与感动是别的事情无法比拟的。

其实，要做到这些并不需要有多大的土地。窗台前的一角就足够了，可以种植一株药草、一棵西红柿或是一株草莓；也不需要多复杂、多费心地去照料它们，只要有阳光和水分就足矣。在照料植物时，我常常觉得，我们家就像一片百果园，各种果树同长在一片土地上，却彼此各不相同——结出不同的果实,却又始终紧紧依偎在一起；而为人父母更像是照料一个有机农场，农场里的作物和花草形状各异、大小颜色也各不相同，就像家庭中的每位成员需要普适的照料方式，也需要“因材施教”。

从一定程度上说，我们怎样照料园地，园地里的作物就会怎样成长。只要我们一开始就给予了正确的照料方式，园地里就会枝繁叶茂。我们的家庭也是如此，你要给家庭成员补给他们各自所需要的养分。作为父母，我们应该有意识地尽力为孩子创造一个温馨的环境：干净整洁、有归属感、充满爱意和安全感。

植物的成长需要偶尔修剪枝叶，孩子的成长也是如此。我们需要时刻提点他，为他设立一些必要的规矩，以确保他平安茁壮地成长。无论是情感上还是身体上，我们都需要对他关怀备至；在他跌倒时将他扶起来，在他尝试自己解决问题时适时给予指导，就像给弱小的西红柿打桩以支撑其长大一样。待时机成熟，我们要勇敢地放手让他去飞，在阳光和风雨中汲取养分。我们要毫不吝啬地庆贺孩子所取得的个人成就，允许他适时展现自己的光芒，并且收获我们所付出的辛劳和爱心养就的沉甸甸的果实。

发动家人一起栽培园地吧，你将可以通过自然界的“比喻”获得对人生更全面、更深刻的理解。请记住，家庭的基本需要就如同园地一样，十分简单。不管你现在处于什么阶段，**维系家庭稳定，真正需要的还是持久的关注和爱。**

组建“家庭后援团”

想到自己要打理家中一切事务，难免让人有种窒息的感觉。这时，如果尝试一下授权或者建立团队，你会发现情况发生了质的改变。其实，你没必要包揽一切。试想一下，家庭就好比一艘船，你作为船长只能指挥方向，而这艘船要扬帆起航、乘风破浪，则需要全体船员的共同努力。

妈妈下午茶

三个儿子的律师妈妈的分身妙招

我有位朋友，是名忙碌的律师，家里又有三个活泼好动的儿子。尽管孩子的爸爸帮了不少忙，但毕竟无法取代妈妈在家中的位置。

研究表明，女性在处理家庭问题时往往比男性更为长远和周全。只有她们才知道冬天下雪时，御寒手套放在哪里；也只有她们才能列出各种清单，有条不紊地处理事情。另外，就像很多妈妈常说的那样，她们夜里都不敢沉睡。关于这点，你应该不难理解，因为半夜时分能够第一时间听见孩子呼唤的正是妈妈们。

我问这位朋友，如何能在工作和生活中找到平衡。她说，当孩子们还很小时，她也曾被搞得疲惫不堪，但她借助了家庭团队的力量来渡过难关。

如今，我们的生活质量越来越好了，甚至有条件请个保姆或管家。但是，要更好地建立自己的家庭团队，你还可以通过别的渠道寻求援助。除了你和丈夫以外，哪怕是家里的一条小狗，也能成为你团队中的一员。

记得杰西小时候，我如果要叠衣服或准备晚饭，通常会把她安置在我视线所及之处，让她同我们家的金毛猎犬一起玩皮球。你可以想象一下这对玩伴有多么完美，他们在游戏中不知不觉消磨了时间，不但玩得很开心，还锻炼了身体。而且，这使得我能腾出时间做家务。这个家庭团队还可以包括你们家的儿科医生、孩子的老师和教练等。如果你觉得自己已经疲惫不堪，感觉有些无助，不如就邀请你的朋友、家人、邻居或者聘请外援一起构建一个后援团来协助你。

如果作为妈妈的你同时也是一位职业女性，那就需要考虑一下你的家庭助手了。你可能需要一位接孩子放学的司机，或者是找一个能在孩子放学后督促他完成家庭作业的人。你也可能需要有个能帮你购买家庭生活必需品的人，或者你可以与一位朋友合作，轮流负责购物。

邻家小孩也可以成为你得力的家庭助手。虽然十几岁的小孩还没有达到可以成为临时保姆的年龄，但有些大孩子就是很喜欢跟刚刚蹒跚学步的小孩玩，甚至还可以帮你做做家务。这样，你的孩子就多了一位能照顾他的哥哥或姐姐，却又不会分享他的父爱和母爱。

当然，聘请一个靠谱的人来帮助你，也不失为一个好办法。如果付出金钱或者物质的代价可以换得某人的帮助，从而令你从琐事中解脱出来，或者可以好好休息一下，那么你就应该考虑这么做。其实这种聘请外援所付出的代价只是短期的，抚养小孩的时光对我们多数人来说过得实在太快了。不久，你那些年长一些的孩子们就会成为你的帮手了。

随着你对“家庭团队”了解的不断加深，你就渐渐知道在碰到具体问题时，谁是最合适的求助人选了。我的女儿们偶尔会帮助别人照看孩子。等到小女儿肯娜上大学时，她就能通过电子邮件和网络电话辅导别家上高中的孩子写论文和作业了。这就是密切注意团队成员基本技能的最佳案例。通过某些管理和授权，你可以把一些任务分配下去。

你可能是家里的主心骨，但一定要允许自己适时地寻求帮助。密切关注你身边的人，看看是否有可能通过授权让你的生活变得更加和谐。作为家庭这艘巨轮的船长，你要把握好航向，以保证你和家人顺利航行。

家人的健康始于每一次的食物选择

我曾采访过许多妈妈，问她们最在意孩子什么。答案自然是五花八门，但居于首位的却始终是希望孩子有健康的身体。多数孩子天生就有强健的体魄、旺盛的生命力，这无疑是人生之路的良好开端。但我们不得不承认，后天的成长环境以及发生在孩子身上的一些事也会影响其身体健康。

虽然对一些事，我们可能显得无能为力，比如我们无法控制他呼吸的空气是否清新，所吃的蔬果是否生长在无污染的土壤中，所喝牛奶的奶源是否是绿色的；但作为妈妈，我们仍然可以力所能及地为他创造一个健康的家庭环境。

我们可以尽量买有机食品，谨慎细致地储藏食品。每次去超市购买食品时，一定要谨记，家人的健康始于每一次的购物选择，而你拥有作出最佳选择的权力。

近些年来，患肥胖症的孩子越来越多了。如果孩子的体重远远超标，与他的年龄和身高不符，那么他将来健康和长寿的几率就会大大降低，其危害不亚于环境污染。许多原来只有大人才会得的病，比如糖尿病、高血压、高胆固醇等，现在却因肥胖而逐渐缠上了孩子。肥胖的孩子通常较容易自卑和抑郁。

其实，孩子在成长过程中适当囤积些脂肪也是正常的。只要你每天让家人合理膳食，搭配蛋白质、乳制品、蔬菜和谷物，孩子在快速生长发育期时就会把先前在体内囤积的脂肪消耗掉。家里的零食也最好选择健康、低糖的。精加工食品和垃圾食品固然能给你带来便利，而且孩子也很喜欢，但它们只含有热量却毫无营养价值，只会让体重一路飙升。

作为妈妈，你要立下严格的规矩，规定什么样的食品才能进入你的家，进到孩子嘴里。记住，食物本身并不是爱。为家人准备一顿健康的食物，才是诠释爱的一种方式。

以下是一些购买健康食品的建议，供你购物时参考：

- 优先选择必备食物：水果、蔬菜、鸡蛋、乳制品、肉类、豆制品和谷物。
- 买零食时，尽量选择坚果、葡萄干、苹果干、花生酱、胡萝卜干、脱脂干酪、低脂奶酪和酸奶等。在屋里多放些混合坚果和什锦果仁。自己动手煮麦片和烤饼干时，可在里面加上葡萄干和果仁。
- 饭后甜点也不可马虎。你不希望家人有没吃饱的感觉吧。可用黑巧克力和浆果类作为饭后甜点，买些冰沙或冷冻酸奶以代替冰激凌。自己烤饼干时，尽量少放些糖和黄油。如果一定要放，则以配方中所要求量的三分之二为佳，这样烘烤出来的饼干口感也不会差。
- 每天从一顿健康的早餐开始。早餐不仅有助于促进人体新陈代谢，也能防止你因过度饥饿而在中午或晚上暴饮暴食。
- 仔细阅读商品标签，看看胆固醇、钠以及糖的含量。早餐主食的含糖量不可过高。避免购买含反式脂肪酸的食品。习惯于随时更新营养学常识，因为标准总是在不断改变。
- 注意量的控制！孩子需要摄入的食量并没有你想象中那么多。吃东西时，提醒他放慢速度。人体摄入足量食物后，要经过二十分钟大脑才会发出饱的信号。很多时候，感觉没吃饱，其实已经吃得很饱了。
- 精制白糖最终将转化成脂肪，因此我们不需要那么多白糖。可使用其他健康的糖类替代物。
- 美国心脏协会（The American Heart Association）指出，美国孩子没有摄入足够的水果和蔬菜。每餐加入足够的新鲜果蔬。孩子往往比较挑食，所以蔬菜要不断变换花样，在他尝试新蔬菜时要予以适当的奖励。
- 新鲜果蔬固然很好，但有机食品更好。
- 不要自作多情地把“低脂肪”等同于“零脂肪”。低脂肪食品也通常是过度加工的，所以要尽量减少，坚持用纯天然食品。

◆ 远离多元不饱和脂肪酸。尽量选用菜籽油和橄榄油等清淡的食用油烹饪。选用天然黄油而不是人造黄油，但要控制用量。

把健康饮食作为家里的一项重要课题。从小养成的习惯足以影响孩子一生，所以妈妈们要以身作则，健康饮食，为他树立良好的榜样。关爱孩子，就要从商店购物、把食物端上桌到放入孩子的饭碗这些环节都严格把关。如果你的孩子患有肥胖症，就去咨询医生和营养师，学习如何改善饮食。另外，你的孩子养成的膳食习惯极有可能会传递给他的下一代。所以，家庭健康也能成为一份很棒的传家宝哦。

伴侣才是第一位的

当妈妈会面临各种挑战，最棘手的无疑是如何平衡“为人母”与“为人妻”二者的关系。当新生命带来的兴奋和欣喜感渐渐消退，你就陷入了日以继夜照顾婴儿的苦闷中，常常要夜里起来喂奶，换尿布。夫妻间的浪漫时刻也越来越少，取而代之的是长期的睡眠不足。

把丈夫放在首位，而不是抛诸脑后，能帮你理清事务的轻重缓急，同时也能更好地维系婚姻关系。正如我和丈夫理查德在《爱情不抓狂》一书的致辞中所写的：“献给我们亲爱的女儿杰西和肯娜：我们能给你们的最好礼物，就是彼此相亲相爱。”

有一天我从健身房出来，与一位妈妈聊了几句。她提到自己现在基本没什么性欲了。她苦笑着说：“你看，我每天有那么多必须要做的事，我只能把丈夫搁在最后了。等到一天终于结束时，我也没什么精力做爱了。这件事虽然也列在我的待处理事项表上，但我总想着，他是有商量余地的，是可以调整。”（我很想知道她丈夫对此怎么看。）

孩子是夫妻共同的产物，而夫妻应该把彼此放在首位。在我们家，理查德和我永远是最核心的，其次才是我们的两个女儿。我们很重视彼此作为朋友和爱人的亲密关系，很享受这种关系所带来的无穷好处。我们会把夫妻之间的事放在首位，其次才是孩子们的事。尽管有句话很流行，叫做“孩子第一”，但我认为这种想法会危害家庭以及家庭中最核心的关系。**你能带给孩子的最好礼物，就是让他亲眼目睹并且感受到你们夫妻之间浓浓的爱和尊重，这比什么都重要。**

平时不注意维护，万吨巨轮也会沉入海底，婚姻关系也是如此。婚姻以及任何有约束力的关系，都要注意日常滋养，才能保持新鲜而亲密的感觉。要做到这点，必须每天为彼此腾出时间，不受孩子打扰，不被电视节目羁绊。

妈妈下午茶

和老公定期“约会”

我和理查德都是习惯早起的人，所以我们在一起的最佳时间就是每天清晨。这时，我们会一起喝咖啡、沉思、聊天。这已经成为惯例。《别为小事抓狂》系列书中的很多点子都是在每天早晨的聊天中诞生的，我们之间的关系也因此历久弥坚。

我们还定期“约会”。多年来，我们每周都会花些时间约会，一起骑马、野餐、远足，有时候只是简单地吃饭、看电影。如果父母有时间替我们照看孩子，我们就会找个周末两人溜出去玩一玩。我们会每周好几次相约一起吃午饭，有时间就尽量一起跑步锻炼。我们不断地寻找新的方法享受二人世界，也开发共同的兴趣。

务必注意，要把丈夫放在首位，不能随意忽略他的需求。这样，你才能得到丰厚的回报。要知道，维持良好的夫妻关系，有助于婚姻的持久稳定，有利于家庭的美满幸福。

家族传统陋习是怎么流传下来的?

在抚养孩子的过程中，我最看重的准则要数“为人父母者要保持头脑清醒”这一条了。如今，很多能干的父母也已意识到这一点，并有目的地用充满爱的方式引导孩子成长。头脑清醒，实际上就是要有自我意识，以便更好地为家里创设条件和立定规矩。

这包括立下什么样的家族传统和仪式，以便代代相传以及弄清楚为什么这些传统和仪式如此重要；更重要的是，你要通过理性的思考，破除家族传承下来的一些陈规旧俗。尽管你需要继承家族的某些优良传统，同时留传给下一代，但这并不意味着一成不变。有时，你要学会问一句：为什么要这么做?

妈妈下午茶

切掉火腿末端的传统是怎么来的?

有个朋友跟我讲了个有趣的故事。每次做饭时，她总是习惯于把火腿末端切掉。有一天，她婆婆就问她为什么要这么做。我这位朋友回答说：“嗯，我看我妈妈都是这么做的。”然后，她向自己的母亲问了同样的问题，她妈妈回答道：“因为你外婆总这么做，我猜可能是这样比较好吃吧。”接着，我这位朋友又跑去问外婆。你猜她外婆怎么回答？“我把火腿的末端切除，这样好放下锅呀！”

这个笑话说明，很多所谓的传统是糊里糊涂开始，又莫名其妙地千秋万代下去了，直到有一天突然有个人问：为什么要这样做？因此，我们要不断评估自己的信仰，对正在做的事多问几个为什么。

当然，很多时候家族陋习的流传并非都是有意识的。要破除陋习，我们必须停下来，冷静地问问自己：我有没有因为家教的关系，无意中保留了一些陋习？很多情绪化的思考和生存方式会在家族中代代相传，就如同传家宝一样——其中有精华，自然也不免有糟粕。

你自己的妈妈所做的无数件事都可能是正确的，已为人母的你也应该对她为你付出的一切心怀感激。然而，有可能你一直不太认同她的一些做事方式，但却不知不觉地继承下来了。在某个瞬间，你可能会突然猛醒，疑惑地问自己：“哦，天呐，我刚刚怎么跟我妈似的！”这时你就该反思一下：此刻，我是用理智的方式处理家中事务的吗？这就是我真心想对待孩子的方式吗？

我们必须不断反思，选择我们真正想要的教育方式。否则，我们就只会不断重复老祖宗的遗训，并把它们渗透到我们的血液中。因此，你可以试着审视自己的个人价值体系，列出详细的清单作自我评估。问问自己：我到底想带给孩子什么，为什么？同时，想想为什么你如此笃信自己列出的那些价值观，看看它们现在是怎么起作用的。用这种方式，你就能自行决定要把什么样的财富送给孩子。而且，你自己也会不断成长、改进，变得更加理性。

当然，你的父母有许多事都处理得当。那么，把这些精华留给下一代吧，但也要勇敢抛弃那些糟粕。

离婚了，还是要好好相处

有百分之五十以上的婚姻最终都以离婚收场，所以，如果你的婚姻不幸失败，那么你也不是一个人在战斗。如果你能很好地治愈内心的创伤，把注意力放在孩子身上，那么你就不会觉得自己是个失败者。你接下来的积极举动会减少孩子因家庭变故带来的情绪波动。

爸爸妈妈离婚，并不代表所有的一切都要分得清清楚楚。不管你们受了多大的情伤，你们之间又有多少纠缠不清的法律纷争，如果为孩子着想的话，你和你的前夫都有责任建立起友好的朋友关系。

我见过一些已经离婚的夫妻，确实维持了友好的朋友关系，成为照顾和抚养孩子的好搭档。这些夫妻离婚后做的一件最关键的事情，就是停止“互相指责”的游戏，担负起由他们关系破裂所造成的一系列责任。

有研究证明，如果父母在孩子面前老是相互责骂，就会给孩子造成一个情感疏离的成长环境，很容易导致他在父母离异后从此一蹶不振。而如果离婚的夫妻能逐渐冷静下来，珍惜彼此一起度过的美好岁月，即便他们选择了分开，还是能够维持共同抚养孩子的和睦关系。这种友谊和相互尊重，有利于他们为了孩子而作出统一的抉择。

当然，也有些夫妻关系是以很糟糕的方式结束的——确实非常糟糕。也许接下来会彼此宽恕，但也可能什么都没有。宽恕别人通常需要很长时间，而恰恰是这些年，你的孩子正在艰难地度过他的成长岁月，最需要父母全身心的关注。

所以，你们双方最好都不要再扮演“受害者”的角色了。唯有宽容，事情才能朝良性方向发展，你们之间才能从最初的婚姻契约关系，升华到一种新的伙伴关系。你们之间的情感纠葛将会渐渐淡出，再也不会伤害你们。

妈妈下午茶

离婚后，带上各自的家人一起度假去

我认识一些夫妻离婚或分居了，但为了孩子又创造出了新的相处方式。每当需要共同照看孩子时，他们仍然会像一家人一样与孩子黏在一起，其余时间则各过各的生活。

这种情况比较复杂，只有情商相对较高的父母才能驾驭。像凯伦和特德就是这种情况，这对夫妻彼此都有过婚史，并且带着各自的孩子，但特德仍然能与凯伦以及凯伦的前夫布兰登一同和睦相处。

在他们建立了友谊之后，特德的前妻也加入其中。这种关系逐渐发展成组合家庭共同度假。我并非少见多怪之人，但这样的相处方式还是让我大吃一惊，并深感佩服。

当然，如果离婚夫妻中的一方窥探欲或嫉妒心很强，那就很难令这种空间共享模式发挥其应有的效果。但是，这样的安排对稳定孩子的生活具有深远的意义，可以将父母离异给孩子造成的伤害最小化。过去这些年因父母无休止地争吵造成的不快，以及父母离异造成的伤痛，都将渐渐远去。孩子希望自己的父母复婚吗？可能吧。但他或许更乐于见到父母都能找到各自的爱，同时能以一种新的方式和睦相处，这种和谐感那么熟悉，因为它曾经存在过，只是随着婚姻的不幸而一度消失。

请记住，离婚或分手后，你与前夫之间的恩怨情仇也就此作罢，需要考虑的是如何像以前一样爱孩子，并且为了孩子，彼此化干戈为玉帛。如果你们能发自内心地珍惜你们曾经的爱的结晶，那么你们一定能选择一种对孩子最好的相处方式，共同养育孩子，永远相互尊重。

别让琐事偷走宝贵的家庭时光

去年为《女人不抓狂》这本书做图书访谈时，我有幸认识了德娜·希尔默。她是作家，也是某电台生活服务类节目《妈妈咖啡时间》（*Mom Radio Cafe*）的主持人，当时正在发起一项名为“还我家庭时光”的活动。

“还我家庭时光”这个说法给我的触动很大。可以肯定地说，如果生活可以快进，当蓦然回首时，你绝不会因为自己曾经与家人围坐在一起共享天伦而后悔，也不会因为曾与家人共度假期或者在某个百无聊赖的下午一起外出闲逛而感到懊丧。没有人会在生命走到尽头的那一天，扼腕痛惜道：“我多么希望自己少陪伴孩子，多干点工作呀。”然而，现实却是每个家庭各有各的忙碌，就好像天天都在赛跑，只不过朝不同的方向。

以下拙见希望有助于你开辟家庭时光：

◆ 高度重视家庭聚餐。一家人每周要至少有三次能坐在一起吃饭，包括星期天。

◆ 每周末都安排一项有意思的家庭活动，持续时间至少两到三小时。可以一起下棋、看电影、大声朗读一本书比如《哈利波特》，也可以安排一些园艺、远足、骑车或滑雪等室外活动。

◆ 将周末定为“无科技日”——所有人都抛开手机、电脑、苹果播放器，还有电视机。

◆ 鼓励孩子积极参加课外活动，你也要到场做热心观众，不管是球赛、公开演讲还是个人朗诵比赛。

◆ 让你家成为朋友们聚会的场所。

◆ 在墙上挂日历，用不同颜色标记每个家庭成员的日程。看看有哪些活动可以省略，给全家团聚腾出时间。

◆ 暑期尽量可以随意些。家人庆祝、狂欢，可以想起哪出是哪出，随时随地都行，不必刻意安排。

◆ 可以创造一些自家特有的仪式和传统，比如假期或一些特别的时刻。这些庆典活动可以反复进行，不但能增进亲情，而且为全家人共同创造了美好回忆。

◆ 一定要全家人一起庆祝生日——不论那天遇到什么事，都要为此让道。

◆ 全家一起动手，完成一项长期的家庭工程——比如设计贴画本，来纪念某位特殊的家庭成员，或者记录下难忘的渡假经历。也可以一同经营花园或参加一项社会活动。例如全家人去老人院、孤儿院做义工。也可以一起拜访年事已高的亲戚，听他们讲讲家族的历史。

回首往事，想起全家人一起玩大富翁游戏的场景，总会让我忍俊不禁。我心中始终珍藏着关于全家人的宝贵记忆：沙滩上我们共同搭建的城堡、把女儿们放在小红车上、全家一起压马路等。我永远记得全家一起骑马、雕刻南瓜、制作复活节彩蛋、装饰姜饼屋以及在树林里玩捉迷藏的快乐时光。

曾几何时，我们全家有过那多的难忘时刻。所以，千万别让生活、学校或工作上的琐事偷走了你宝贵的家庭时光。**生命如此短暂，一切转瞬即逝。你永远也不会后悔曾拥有过的家庭时间，正是那些生命中的特殊时刻，成为你和孩子共同的财富。**

用"和家人在一起"来填充日程表上的空白

我们总是习惯于将自己的生活填得满满的。我们的日程表排满了密密麻麻的活动，比如参加体育活动、出席委员会会议，看牙医、去图书馆、拼车、去教会学校学习、参加实践活动、赶赴各种约会等。这些活动占满了我们的业余时间。一旦孩子小学毕业，家庭聚餐就更成了一种奢望。

多年来，我们家的日历就像一道复杂的科学题，每个白色区域都画满了彩色的圈圈点点，代表着各种活动。杰西的，用粉色表示；肯娜的，蓝色；理查德的，黄色；我的呢，橙色。我们就是这样度过了女儿们的初中和高中时代，这紧张的生活看上去有点疯狂，但我们却不知道该怎么停下来。因为每种新事物往往因为看起来太美好，而让我们不忍错过。但是，如果静下心来想想，我们就知道这种生活方式不适合我们，节奏太快了。

妈妈下午茶

丈夫去世的那天，生活开始慢下来了

有一天，我正要去购物准备过圣诞节。当把车开进商场的停车场时，我接到了一个电话，这个电话打乱了我们的生活：理查德去世了。就在那一天，我们的生活开始慢下来。

之后，我们开始慢慢拣起旧时的生活方式，我尽量让孩子的生活变得井然有序。我采取的一个办法是，减轻孩子的学业负担。我不再让肯娜超前学习，而让她的日程变得相对宽松，让她有更多时间休息。杰西正处于高三最后一个学期，在这个节骨眼上，我好像为她做不了什么，幸亏老师们给了她很多帮助。

当我心碎的时候，我才明白那种马不停蹄的生活让我变得多么麻木。我觉得自己好像跳上了一辆疾驰的马车，一直担心“跟不上”；我的生活就像一只塞得满满的箱子，而我也被“妻子”和“妈妈”这两个角色压得喘不过气，却还天真地以为自己可以控制生活。理查德刚去世第一年，我悲痛欲绝。幸好，在遭受这种痛苦的同时，我对生命也有了新的感悟。我醒悟了，以前我从不知道自己其实已经沉睡了。我开始减少各项活动，慢慢沉下心来，感恩现有的一切。

当我放慢了生活的脚步，我开始全身心地享受每时每刻，学会沉静下来倾听内心的声音。我渐渐从丧失至亲的痛苦中恢复过来。同时，悲痛也教会我，生活中除了伤心，还有简单的快乐和爱。从此以后，各种密密麻麻的活动渐渐销声匿迹。在这种简单的生活中，我发现了快乐，奇迹也由此诞生。

现行的生活方式总是让我们筋疲力尽，也让我们没有时间和一家人在一起。现在，拽回那些逝去的时光为时已晚。然而，正如诺曼·卡森斯（Norman Cousins，美国当代著名作家、评论家和社会活动家。曾任《星期六评论》杂志编辑。——译者注）指出的那样：“人生的悲剧不在于死亡本身，而是任死亡在生者心中肆虐。”这次的失去，让我明白调节好忙碌的生活是多么重要。全家人能一起度过的时间很短暂，不要再安排那么多活动了。也许，日程表上空白的地方，应该用“和家人在一起”来填充。

和另一半一起教育孩子

各种各样的研究都表明，由父母双方共同养育的孩子更容易成才。所以，无论是否处于婚姻状态，父母都要以孩子的最大利益为原则，朝着同一目标共同承担起抚养孩子的重任。

与另一半共同抚养孩子时，首先从一开始要学会理解各自不同的教养方式。毕竟，你与他有着不同的成长历程、家族传统和个人经历，这些都会反映在抚养孩子过程中。要理解这些不同点，不要轻易评头论足，努力找到彼此都能接受的折中方法。除此之外，还有一些方法可以帮助你与另一半更好地共同抚养孩子，从而避免频繁冲突：

- ◆ 站在同一战线。绝不在孩子面前数落或批评对方，因为这会让另一半威信扫地。如果你不认同对方说的话、做的事，可以在孩子不在场的情况下，私下与他讨论。你们要私底下解决双方的争议，有时甚至要达成一致。
- ◆ 要肯定对方做得对的事，而不要老是挑对方的毛病。
- ◆ 提醒自己，另一半与你一样深爱着孩子。
- ◆ 不管你与另一半是否还生活在同一屋檐下，你们给孩子制定的规矩、使用的惩罚方式、都要一致。
- ◆ 双方共同制定和执行教养计划。一定要私下商定教养方法。
- ◆ 绝对不要跟孩子讲另一半的坏话，特别是在离婚状况下。你们婚姻的破裂不应该给孩子带来负面影响。
- ◆ 一定要公开表扬另一半的优点。
- ◆ 即便双方分开了，也要尽量一起花时间陪伴孩子，并在孩子面前表现得亲密、友好。
- ◆ 双方保持沟通顺畅，每周抽空讨论一下孩子的事，以便拟定出一起行动的方案。

约定一个“全家洗衣日”

妈妈要承担很多的家务活，但如果问问她们最讨厌做什么，我敢保证，她们一定会异口同声地说“洗衣服”！因为在多数家庭中，洗衣服的重任总是落在妈妈身上。妈妈们早已被成堆成堆的脏衣服搞得筋疲力尽了。

其实，你完全可以找家人帮忙。洗衣服这件事，人人皆可参与。你可以把它变成一个学习过程，或者把它变成孩子的优点。如果你有儿子的话，你所能送给将来媳妇最好的礼物，就是教会儿子自己动手洗衣服。正如人们常说的那样，从小要妈妈洗衣服的男人，将来也一定指望妻子能为他洗衣服。

理查德从来不让我为他洗衣服，我对此颇为欣喜，很感激他妈妈教会了他，洗衣服不是女人的专职工作。有时候，我不想让他洗我的衣服，因为他洗得不太干净，但有他帮忙还是挺好的。我们会一起洗衣服，但我们还不太善于把任务分派给孩子。回头想想，如果我们每个人都做好了自己的分内之事，那么料理家务将会变得多么轻松呀。

为什么不试试让家人分担洗衣服的任务呢？这样，每位家庭成员都能学会自理，还能明白，众人拾柴火焰高。每周日发动全家人，取走一篮干净的衣服，然后叠好放到抽屉里。要让孩子提前知道哪天要洗衣服，把任务合理地分配给各个年龄段的孩子（年龄较小的孩子喜欢叠袜子）。

与此同时，要教会孩子一个简单的道理：完成工作为先。今晚想吃甜点吗？那么先把蔬菜吃完；星期天想去动物园吗？那么先把这些洗干净的衣服放好。看着家里那空空如也的洗衣篮，想必妈妈脸上都会露出久违的笑容。衣服整整齐齐地搁在衣橱里，生活也因此变得有条不紊。

1 个家庭 +1 个家庭 =1 个家庭

对当今的很多女性而言，与有孩子的男人组合家庭是件新生却不鲜见的事。我就曾目睹不少朋友“摸着石头过河”的过程。不得不承认，要理清其中的千头万绪真是难上加难。情景喜剧《布雷迪家庭》(*Brady Bunch*)中温馨和谐的场景貌似很易做到，但在现实中，即使两人彼此深爱，两个家庭要真正融合也非常困难。它依靠的不仅仅是觉悟、体贴和耐性，还包括多方面的因素。因此，在组合之前，尤其需要谨慎评估。如果可能的话，最好参考一下前夫的意见。

妈妈下午茶

带着孩子，结婚就不再是两个人的事

我朋友桑德拉与迈克尔坠入爱河。在约会一年后，桑德拉和她六岁的女儿莉莉，热情邀请迈克尔和他的两个女儿搬进自己家里。共住之前，他们并没有制定任何规则，也没有讨论过一个五口之家该如何经营。桑德拉和迈克尔深爱对方，他们觉得船到桥头自然直。

然而今天，桑德拉却因为迈克尔的两个女儿对她不敬而十分苦恼。两个女儿已经表明她们无意转变态度，甚至不想为之作任何尝试。桑德拉说，他们现在就像生活在同一个屋檐下的两个独立家庭。因为不想老是受“继女”们的气，她准备从自己家里搬出来住。

与有孩子的男人组合家庭并不只是两个人的事，还涉及他的孩子和你的孩子。所以，组合前一定要谨慎考虑，组合后要巧妙磨合。以下几点，有助于让两个家庭互相妥协，合二为一：

◆ 你与另一半必须向孩子明确表示，你俩是同一阵营的。作为一个团队，你俩是组合家庭的领军人物，必须百分百互相支持。如果两个家庭要融合，你俩必须首先站在一起。你无法再独自行动，因为你们现在共有一个家庭。

◆ 组合家庭中要处理好尊敬的问题。你自然希望另一半的孩子能够“喜欢”你，但真相是首先要尊重对方。如果说二婚夫妻有蜜月期的话，从两家搬到一起住时起，这个蜜月期就迅速结束了。尊敬是依靠自己去赢取的，哪怕对方还只是孩子。你的界限必须分明，你的期许同样也要恰如其分。你是否受孩子尊重，可以请他做某件事，然后你只要观察一下他回应你的态度就知道了。

例如，如果你要另一半的孩子捡起他的衣服，或者调低音乐的音量，如果他无视你的要求，或者无理回应，那你就需要和他一起坐下来，然后直视他的眼睛提醒他谁才是一家之主。你需要保持平静，但内心一定要坚定。他的家也是你的家，但你是成人。你们可以成为朋友，但关键时刻你是权威。你也还可以经常鼓动另一半参与到讨论中来，但原则性问题则要由孩子的亲生父亲做决定。

◆ 抚养另一半的孩子不是你的工作，但你可以做一个支持他们的人。把真正的抚养工作留给孩子的亲生父亲，不要试图取代他。你想要孩子尊重你，你也要尊重他。
◆ 尽最大努力改善与孩子的关系。可以用与他一起完成某项任务，或者举行一些特殊活动的方式来实现。如果孩子已离开他所熟悉的朋友圈子和环境，你就有机会与他培养感情。花时间了解孩子，并培养属于你们的共同的兴趣爱好。接纳他，把他看做一个独立个体，让他融入你的生活。
◆ 孩子并不像你那样成熟，他的大脑还没有充分发育。他不是成人，他会因自己的爸爸被别人分享而产生危机感。孩子可能更愿意生活维持在家庭组合前的样子，因为那个时候爸爸是属于他自己的。这个事实你可能并不乐意接受，但请尽量理解。
◆ 要融合，你必须学会妥协。发现共有的价值观，共同定义善意和尊重。家庭成员都参与到家庭事务中来。经常和另一半对话，尊重他和他的孩子——孩子爱爸爸，你也爱他。同样，在涉及你的孩子的事情时，也要开诚布公，就像你希望他对你那样。同时，还要允许另一半以他的方式来处理你孩子的事情。

◆ 试着召开家庭会议。别忘了，你的孩子和他的孩子都是家庭的重要成员。当你尊重家庭决策的过程，力求达成一个对所有成员都不错的结果时，最好的结局也就发生了。

磨合阶段不可能没有摩擦。让你的理智、尊重和爱的动力指导这个微妙的过程，这样才能使让这个新家充满和谐和温馨。

后 记

享受孩子不在身边的日子

抚养杰西和肯娜成人是我莫大的荣幸。孩子是我生命中最大的动力。而且在很多时候，她们能够让我看清内心最真实的自我。她们就像一面镜子，折射出我美好的一面和不那么完美的一面。

在用爱铸就的家里，我们这些做妈妈的可以用心抚平整个世界的伤痕。爱可以创造出独有的涟漪效应。母爱的伟大力量真的让人感到惊奇不已。我们中的部分人可能还没做好当妈妈的准备，也担心自己不能胜任这项伟大的工作，但实际上我们完全可以做到。随着日子一天天过去，在我们还未发觉之际，一个小生命已经在不知不觉中慢慢长大成人。

我们给予孩子生命，他改变了我们的世界。这真是再美妙不过的事情。

现在回头看看，我清楚地记得那些我所作的正确决定，当然，也有一些事情，如果能够重新来过的话，我希望会有不同的选择。早晚有一天，我会扪心自问：在那些如流星一般快速划过的日子里，最值得孩子怀念的是什么？她们是记得我失去耐心暴跳如雷的时候，还是记得我循循善诱开导她们度过那段困难时期的时候？她们是记得我已经给予她们的东西呢，还是牢牢记住那些我允诺过她们却未兑现的东西？

我只知道，生活并不是一个整整齐齐摆满瓶子的盒子。做妈妈的艺术当然也不会如此简单明了。但我们仍然会在生活的盒子中发现宝藏，那就是所有共同经历的点滴小事、一起共患难的时刻。这些都是生命中最真挚的礼物。

当我写作这本书的时候，杰西又怀孕了。不仅如此，超声波显示她怀的是双胞胎！听到这个消息时她万分沮丧，因为她的目前的目标是完成学业，然后找一份医院的工作。而且，她的儿子卡登只有二十个月大。

看到杰西伤心垂泪，我却认为这是一个好消息，并提醒她“生活就是这样出其不意”。我们能拟定的最好的计划，就是随时可能被打破的。换个角度看问题，生活也许就不一样了，对吧？

生活就像过山车，你可以用两种方式来乘坐：一种就是完全随它去，任它控制；另一种就是自己利用反作用力来自主控制。生活有时候会抛给我们一些弯弯曲曲的困难之球，特别是当有了孩子以后。但能干的妈妈知道，什么时候随它去，什么时候把球打出去。

我认为衡量一个妈妈是否成功的标志，并不是别人认为你培养出来的孩子是什么样的。我的评判标准很简单，只要尽力而为即可。直到如今我知道自己不能解决孩子们的所有问题，但我们会一直手拉着手，在长长的生命之旅中慢慢前行。

在生命走到下一个阶段的路口，现在到了让我回答如下问题的时候了：等我的孩子长大以后我想做些什么呢？作为一个年近五十的独身老太太，房中的空间比我曾经想象的要宽大得多，但在余下的三十年生命中，我希望能依然保留着一个女人的热情、活力和能量。

我可以重新过另外一种生活，用重新燃起的激情改造我的余生。只有此时，我作为妈妈的角色才不会肩负那么多责任。我可能会想念那些做妈妈的日子，也可以好好体验那些负担减轻后的快乐。以前的日子要考虑所有人，现在到了专属于自己的时间了。

中资海派出品
为精英阅读而努力

爸爸搭把手，儿子更出色！
教出好儿子，从此不再累！

男孩天生就和女孩不同，先天条件差、起跑点较晚、父母教养需求比重也不同……本书为你完全解答教养儿子会面临的大小问题：

- ◆ 为什么现在的男孩越来越胆小、越来越害羞、越来越软弱？
- ◆ 如何将男孩爱竞争的心理渐渐发展出“适可而止”的自制力，再转化成负责任心？
- ◆ 男孩总是不听话、好动、爱打架、注意力不集中，该怎么办？
- ◆ 为什么别人轻轻松松就养出乖女儿，而家有儿子的你却费力不讨好？

作者以脑科学为依据，辅以心理实验等研究数据，并搭配自己教养两个儿子的真实案例，为父母如何教育儿子提供了专业的建议和指导，让你轻松教出优秀的儿子。

[韩] 李忠宪 著
玉淙峥 译

ISBN：978-7-5507-0288-2
定　价：26.80 元

爸爸妈妈们，请改变和孩子“随意对话”的习惯吧！

“吃饭怎么总是那么磨磨蹭蹭的？”“男子汉还哭鼻子丢不丢人？”“为什么不想去上学？”……日常生活中，爸爸妈妈总是在和孩子进行“随意性对话”。其实，孩子做出的每个举动，说出的每句话背后都有自己的真实感受和想法：

- ◆ 孩子最看重的是父母对自己的爱和尊重
- ◆ 孩子需要表扬，更需要肯定
- ◆ 孩子表面的任性胡闹其实另有隐情

引导式对话揭示孩子任性、胡闹、叛逆等行为表象下的心理真相。

[日] 小紫真由美 著
蔡福淑 译

ISBN：978-7-229-00895-6
定　价：25.00 元

短信查询正版图书及中奖办法

A．电话查询

1．揭开防伪标签获取密码，用手机或座机拨打4006608315；

2．听到语音提示后，输入标识物上的20位密码；

3．语言提示：您所购买的产品是中资海派商务管理(深圳)有限公司出品的正版图书。

B．手机短信查询方法(移动收费0.2元/次，联通收费0.3元/次)

1．揭开防伪标签，露出标签下20位密码，输入标识物上的20位密码，确认发送；

2．发送至958879(8)08，得到版权信息。

C．互联网查询方法

1．揭开防伪标签，露出标签下20位密码；

2．登录www.Nb315.com；

3．进入“查询服务”“防伪标查询”；

4．输入20位密码，得到版权信息。

中奖者请将20位密码以及中奖人姓名、身份证号码、电话、收件人地址和邮编E-mail至szmiss@126.com，或传真至0755-25970309。

一等奖：168.00元人民币(现金)；
二等奖：图书一册；
三等奖：本公司图书6折优惠邮购资格。
再次谢谢您惠顾本公司产品。本活动解释权归本公司所有。

读者服务信箱

感谢的话

谢谢您购买本书！顺便提醒您如何使用ihappy书系：

- 全书先看一遍，对全书的内容留下概念 。
- 再看第二遍，用寻宝的方式，选择您关心的章节仔细地阅读，将“法宝”谨记于心。
- 将书中的方法与您现有的工作、生活作比较，再融合您的经验，理出您最适用的方法。
- 新方法的导入使用要有决心，事先做好计划及准备。
- 经常查阅本书，并与您的生活、工作相结合，自然有机会成为一个“成功者”。

<table>
<tr><td rowspan="8">优惠订购</td><td colspan="2">订阅人</td><td colspan="2"></td><td>部门</td><td></td><td>单位名称</td><td colspan="2"></td></tr>
<tr><td colspan="2">地址</td><td colspan="7"></td></tr>
<tr><td colspan="2">电话</td><td colspan="4"></td><td>传真</td><td colspan="2"></td></tr>
<tr><td colspan="2">电子邮箱</td><td colspan="2"></td><td>公司网址</td><td colspan="2"></td><td>邮编</td><td></td></tr>
<tr><td>订购书目</td><td colspan="8"></td></tr>
<tr><td rowspan="2">付款方式</td><td>邮局汇款</td><td colspan="7">中资海派商务管理(深圳)有限公司
中国深圳银湖路中国脑库A栋四楼　　邮编：518029</td></tr>
<tr><td>银行电汇或转账</td><td colspan="7">户　名：中资海派商务管理(深圳)有限公司
开户行：招行深圳科苑支行
账　号：81 5781 4257 1000 1
交行太平洋卡户名：桂林　　卡号：6014 2836 3110 4770 8</td></tr>
<tr><td>附注</td><td colspan="8">1. 请将订阅单连同汇款单影印件传真或邮寄，以凭办理。
2. 订阅单请用正楷填写清楚，以便以最快方式送达。
3. 咨询热线：0755−25970306转158、168　传　真：0755−25970309
E-mail: szmiss@126.com</td></tr>
</table>

→利用本订购单订购一律享受9折特价优惠。
→团购30本以上 8.5折优惠。